LEARN GUJARATI IN 30 DAYS THROUGH HINDI

(૩૦ દિવસમાં ગુજરાતી શીખો,
હિન્દી માધ્યમ દ્વારા)

Chief Editor
Krishna Gopal Vikal
Editor : Hindi Edition
Amitabh Dhingra
Gujarati Translation
Jigar Patel

ગુજરાત પુસ્તકાલય સહાયક સહકારી મંડળ લિ.
૧૧, ઈલોરા કોમર્શીયલ સેન્ટર, પહેલો માળ, રીલીફ સીનેમા પાછળ.
અમદાવાદ–૩૮૦ ૦૦૧
ફોન : ૨૫૫૦ ૬૯૭૩
E-MAIL : gpssmltd@yahoo.com

ડાયમંડ બુક્સ
www.diamondbook.in

Publisher : **Diamond Pocket Books (P) Ltd.**
X-30, Okhla Industrial Area, Phase-II
New Delhi - 110020
Phone : 011-40712200
E-mail : sales@dpb.in
Website : www.diamondbook.in

Learn Gujarati in 30 Days Through Hindi
By : Krishna Gopal Vikal

प्रस्तावना

मातृभाषा के अतिरिक्त किसी भी भाषा को सीखना अपने आप में सुखद अनुभव है। किसी बालक को उसकी दैनिक जिंदगी में भाषा सीखते हुए देखने से इस बात का ख्याल आता है। बालक हर क्षण माता, पिता या अन्य रिश्तेदारों से नये शब्द सीखता है, तब उसका हृदय आश्चर्य, आतुरता और रोमांच और अनुभूति से भर उठता है। शब्द के विविध रूपों के साथ वह खिलौने की तरह खेलता है और सहज भाव से आनंदपूर्वक उसका अध्ययन करता है।

नई भाषा सीखनी, जीवन के अद्‌भुत अनुभव से गुजरने जैसा है क्योंकि वह सर्जनात्मक कार्य के अनंत अवसर खोल देता है। गांधी जी कहते थे कि हमें अधिक से अधिक भाषाओं का ज्ञान होना चाहिये। इससे हमें उस भाषा की संस्कृति का भी पता चलता है।

इस पुस्तक के माध्यम से ऐसे लोगों को भाषा सीखाने का प्रयास है, जिनकी मातृभाषा गुजराती नहीं है। गुजराती भाषा को बड़ी ही सरल एवं सहजता के साथ सीखने के तरीके यहां प्रस्तुत किए गए हैं। इस किताब में वर्णमाला, शब्द, वाक्य क्रमानुसार दर्शाये गये हैं और प्रतिदिन जीवन में प्रयोग होने वाले संवादों को समाहित किया गया है। स्थिति संबंधित वाक्यों एवं संवादात्मक वाक्यों के चुनाव में भारतीय भाषा और संस्कृति में अधिकतम प्रयोग में आने वाले सरल वाक्यों को चुना गया है। इस पुस्तक का उद्‌देश्य यह है कि पाठक सीखने की प्रक्रिया के दौरान अभिव्यक्त होने की तथा संवाद साधने की कला से और भी समृद्ध बनें साथ ही भारतीय उपमहाद्वीप में तथा विश्व के कोने-कोने में बोली जाने वाली गुजराती के साथ जल्दी से संपर्क साध सकें।

गुजराती, विश्व में हजारों लोगों की मातृभाषा है और उनके अलावा और भी कई लोग इस भाषा का प्रयोग करते हैं और समझते भी हैं। अत: विश्व के सबसे बड़े लोकतंत्र के साथ जुड़ने के लिए यह भाषा मुख्य आधार है। इस भाषा के साथ आपका परिचय सिर्फ बिजनेस संवाद का एक अवसर प्रदान करता है। इतना ही नहीं, यह भाषा विशाल गुजराती भाषी परिवार के साथ बात करने का एक आध्यात्मिक आनंद भी प्रदान करती है।

हमें विश्वास है कि हिन्दी के माध्यम से गुजराती सीखने वालों के लिए यह पुस्तक अति लोकप्रिय बनेगी। युवा पीढ़ी भी इसे बहुत पसंद करेगी।

–जिगर पटेल

–कृष्ण गोपाल विकल

–अमिताभ ढींगरा

प्रकाशकीय

देश को एकसूत्र में पिरोने के उद्देश्य के साथ इस पुस्तक श्रृंखला (**हिंदी के माध्यम से भारतीय भाषाएं सीखिए**) का प्रकाशन कर रहे हैं। जो पाठक को अपनी मातृभाषा के अलावा अन्य भारतीय भाषा सीखने का सुंदर अवसर प्रदान करके देशवासियों की एकजुटता को मजबूत और समृद्ध बनाएगी।

इस श्रेणी की सभी पुस्तकों को पांच हिस्से में बांटा गया है। हर पुस्तक का पहला हिस्सा भाषा के मूलभूत ज्ञान को समेटेगा और अन्य हिस्से संवाद, पहलू और अध्ययन के साथ भाषा के सभी पक्षों को समेट कर पाठक को सरलता से भाषा का ज्ञान प्रदान करेगा।

इस पुस्तक को तैयार करने में प्रसिद्ध लेखक और कई पुस्तकों के संपादक कृष्ण गोपाल विकल जी ने मेहनत की है। वह इसके प्रमुख संपादक भी हैं। उनको श्री अमिताभ ढींगरा का सुंदर सहयोग प्राप्त हुआ। हम उम्मीद करते हैं कि देश के विविध हिस्सों के लोग एक-दूसरे के करीब आएं और एक-दूसरे को समझें। इससे देश की एकता-अखंडता सुदृढ़ होगी। इसी विश्वास के साथ प्रस्तुत है हमारी यह पुस्तक।

–नरेन्द्र कुमार वर्मा

प्रस्तावना

मातृभाषा के अतिरिक्त किसी भी भाषा को सीखना अपने आप में सुखद अनुभव है। किसी बालक को उसकी दैनिक जिंदगी में भाषा सीखते हुए देखने से इस बात का ख्याल आता है। बालक हर क्षण माता, पिता या अन्य रिश्तेदारों से नये शब्द सीखता है, तब उसका हृदय आश्चर्य, आतुरता और रोमांच और अनुभूति से भर उठता है। शब्द के विविध रूपों के साथ वह खिलौने की तरह खेलता है और सहज भाव से आनंदपूर्वक उसका अध्ययन करता है।

नई भाषा सीखनी, जीवन के अद्भुत अनुभव से गुजरने जैसा है क्योंकि वह सर्जनात्मक कार्य के अनंत अवसर खोल देता है। गांधी जी कहते थे कि हमें अधिक से अधिक भाषाओं का ज्ञान होना चाहिये। इससे हमें उस भाषा की संस्कृति का भी पता चलता है।

इस पुस्तक के माध्यम से ऐसे लोगों को भाषा सीखाने का प्रयास है, जिनकी मातृभाषा गुजराती नहीं है। गुजराती भाषा को बड़ी ही सरल एवं सहजता के साथ सीखने के तरीके यहां प्रस्तुत किए गए हैं। इस किताब में वर्णमाला, शब्द, वाक्य क्रमानुसार दर्शाये गये हैं और प्रतिदिन जीवन में प्रयोग होने वाले संवादों को समाहित किया गया है। स्थिति संबंधित वाक्यों एवं संवादात्मक वाक्यों के चुनाव में भारतीय भाषा और संस्कृति में अधिकतम प्रयोग में आने वाले सरल वाक्यों को चुना गया है। इस पुस्तक का उद्देश्य यह है कि पाठक सीखने की प्रक्रिया के दौरान अभिव्यक्त होने की तथा संवाद साधने की कला से और भी समृद्ध बनें साथ ही भारतीय उपमहाद्वीप में तथा विश्व के कोने-कोने में बोली जाने वाली गुजराती के साथ जल्दी से संपर्क साध सकें।

गुजराती, विश्व में हजारों लोगों की मातृभाषा है और उनके अलावा और भी कई लोग इस भाषा का प्रयोग करते हैं और समझते भी हैं। अतः विश्व के सबसे बड़े लोकतंत्र के साथ जुड़ने के लिए यह भाषा मुख्य आधार है। इस भाषा के साथ आपका परिचय सिर्फ बिजनेस संवाद का एक अवसर प्रदान करता है। इतना ही नहीं, यह भाषा विशाल गुजराती भाषी परिवार के साथ बात करने का एक आध्यात्मिक आनंद भी प्रदान करती है।

हमें विश्वास है कि हिन्दी के माध्यम से गुजराती सीखने वालों के लिए यह पुस्तक अति लोकप्रिय बनेगी। युवा पीढ़ी भी इसे बहुत पसंद करेगी।

–जिगर पटेल

–कृष्ण गोपाल विकल

–अमिताभ ढींगरा

प्रकाशकीय

देश को एकसूत्र में पिरोने के उद्देश्य के साथ इस पुस्तक श्रृंखला (**हिंदी के माध्यम से भारतीय भाषाएं सीखिए**) का प्रकाशन कर रहे हैं। जो पाठक को अपनी मातृभाषा के अलावा अन्य भारतीय भाषा सीखने का सुंदर अवसर प्रदान करके देशवासियों की एकजुटता को मजबूत और समृद्ध बनाएगी।

इस श्रेणी की सभी पुस्तकों को पांच हिस्से में बांटा गया है। हर पुस्तक का पहला हिस्सा भाषा के मूलभूत ज्ञान को समेटेगा और अन्य हिस्से संवाद, पहलू और अध्ययन के साथ भाषा के सभी पक्षों को समेट कर पाठक को सरलता से भाषा का ज्ञान प्रदान करेगा।

इस पुस्तक को तैयार करने में प्रसिद्ध लेखक और कई पुस्तकों के संपादक कृष्ण गोपाल विकल जी ने मेहनत की है। वह इसके प्रमुख संपादक भी हैं। उनको श्री अमिताभ ढींगरा का सुंदर सहयोग प्राप्त हुआ। हम उम्मीद करते हैं कि देश के विविध हिस्सों के लोग एक-दूसरे के करीब आएं और एक-दूसरे को समझें। इससे देश की एकता-अखंडता सुदृढ़ होगी। इसी विश्वास के साथ प्रस्तुत है हमारी यह पुस्तक।

–नरेन्द्र कुमार वर्मा

विषय सूची

भाग-१ : वर्णमाला

भाग-२ : शब्द

भाग-३ : वर्गीकृत वाक्य

भाग–४ : स्थिति सूचक वाक्य

भाग–५ : संवाद

परिशिष्ट

भाग-१ : वर्णमाला

पहली सीढ़ी-પહેલું પગથિયું

आप सबका स्वागत है
આપ સૌનું સ્વાગત છે

यह किताब अभी आप के हाथ में है ।

यह इस बात का निर्देश करती है की आपको गुजराती भाषा सीखने में रुचि है । हमारे लिये यह प्रसन्नता की बात है.

भारत की सभी भाषा में निःशंक गुजराती का प्रयोग होता है । विश्व में सबसे ज्यादा बोलने वाली भाषा में इंग्लीश, चाइनीझ, हिन्दी के अलावा गुजराती भाषा का भी अधिक प्रयोग किया जाता है। गुजराती वह भाषा हे, जीन के पास अपनी ही विशाल और समृद्ध साहित्य विरासत है।

आप सब के प्रशंसनीय उत्साह का यहां पर स्वागत है और आप सबको सफलता मिले ऐसी शुभकामनाएं है । एक के बाद एक सीढी चढते जाओ और आपके लक्ष्य तक अचूक पहोंचे.. तो चलो, शुरू करते है हम, हमारी शब्दयात्रा ।

संवादो में अभिवादन (नमस्ते) के वाक्य :

गुजराती में अंग्रेजी की तरह अभिवादन के लीये समयसूचक स्वतंत्र पद नहीं है। जैसे – **गुड मोर्निंग, गुड इवनिंग, गुड नाइट** आदी... गुजराती में हम हर समय किसी व्यक्ति को मिलते ही નમસ્કાર (**नमस्कार**) **या** નમસ્તે (**नमस्ते**)आदि प्रयोग करते है। अलग-अलग धर्म के लोग अपनी-अपनी श्रद्धा-परंपरा के अनुसार अलग-अलग शब्द का प्रयोग भी करते है। उदा., -- જય રામજી કી! સત્ શ્રી અકાલ! સલામ આલેકુમ आदि ।

मिलने पर *મળતી વખતે*

नमस्कार, श्रीमान्!	નમસ્તે, મહોદય!	Namaste, Mahoday!
नमस्कार, महोदया!	નમસ્તે, મહોદયા!	Namaste, Mahodaya!
नमस्ते, मित्र!	નમસ્તે મિત્ર! કે	Namaste, mitra!
	નમસ્તે દોસ્ત!	Namaste, Dost!
नमस्ते, भाई!	નમસ્તે, ભાઈ!	Namaste, bhai!

नमस्कार, महोदय!	નમસ્તે, મહોદય!	Namaste, mahoday
नमस्ते, साथी!	નમસ્તે સાથીદાર!	Namaste, Sathidar!
शुभ रात्रि, बहन!	શુભરાત્રિ, બહેન!	Suhubh ratri, bahen!

विदा होने पर ***છૂટા પડતી વખતે***

विदा, मेरे बच्चे!	વિદાય, મારા બેટા!	Viday, Mara Beta!
अच्छा विदा!	સારું વિદાય (આવજો)!	Saru Viday (Aavjo)!
अलविदा!	સારું વિદાય!	Viday!
अलविदा!	વિદાય! આવજો!	Viday! Aavjo!

शुभ कामनाएं ***શુભકામનાઓ***

दीवाली शुभ हो!	શુભ દિપાવલી!	Subh Dipawali!
ईद मुबारक!	ઈદ મુબારક!	Id mubarak!
गुरुपर्व की बधाई!	શુભ ગુરુ પર્વ	Subh Guru Parva
क्रिसमस पर बधाई!	ક્રિસમસની વધાઇ!	Krismas ni Vadhai!

टिप्पणी

सभी भारतीय गुजराती में किसी भी स्थिति में નમસ્કાર(नमस्कार) या નમસ્તે (नमस्ते) कहते है। उनकी धार्मिक या तो सांप्रदायिक आस्था बताने के लिये मुस्लिम સલામ આલેકુમ (सलाम आलेकुम), शीख સત્ શ્રી અકાલ (सत् श्री अकाल), राष्ट्रवादी જય હિન્દ (जय हिंद) और मानवतावादी જય જગત્ (जय जगत्) बोलते है।

दूसरी सीढ़ी - બીજું પગથિયું

वर्णमाला
વર્ણમાળા

गुजराती भाषा की अपनी ही अलग लिपि है, जिनको गुजराती लिपि कहा जाता है।

गुजराती वर्णमाला में ११ स्वर और ३५ व्यंजन का समावेश होता है।

यहां हम स्वरो का अध्ययन करते है :

स्वर - સ્વર

અ	આ	ઇ	ઈ	ઉ	ઊ	ઋ
अ	आ	इ	ई	उ	ऊ	ऋ
એ	ઐ	ઓ	ઔ	અં	અ:	
ए	ऐ	ओ	औ	अं	अः	

पहचान और उच्चार : ઓળખ અને ઉચ્ચાર

ઉ	ઊ	અ	આ
ઓ	ઔ	અં	અ:
ઇ	ઈ		ઋ
એ	ઐ		

1. स्वरो અ આ ઓ ઔ અં અ: एक समय અ આ ઓ ઔ અં અ: लिखा करते थे, लेकिन स्टान्डर्डाइझ्ड गुजराली लिपि में अब वह प्रयोग नहीं होता । यह बात गुजराती सीखने वाले को ध्यान में रखनी चाहिए।
2. गुजराती स्वरो के दो विभाग होते है ।

   (i) (ह्रस्व) હ્રસ્વ और (ii) (संधि) સંધિ સ્વર

(i) **ह्रस्व स्वर :** હ્રસ્વ સ્વર

અ	ઇ	ઉ	ઋ
अ	इ	उ	ऋ

(ii)**संधि-स्वर :** સંધિ સ્વર - દીર્ઘ

આ	ઈ	ઊ	એ	ઐ	ઓ	ઔ
आ	ई	ऊ	ए	ऐ	ओ	औ

3. ह्रस्व स्वरो का उच्चार संक्षिप्त होता है और संधि या दीर्घ स्वरो का उच्चार लंबा होता है। यह उच्चार कैसे होते है, यहां समजते है :

अक्षर	**उच्चार**	**समजूति**
અ	(ह्रस्व) अ	'अ' का उच्चार संक्षिप्त होता है। उदा., **अमल**
આ	(संधि) आ	'आ' का उच्चार लंबा होता है। उदा., **आगे**
ઇ	(ह्रस्व) इ	'इ' का उच्चार संक्षिप्त होता है। उदा., **इस**
ઈ	(संधि) ई	'ई' ा उच्चार लंबा होता है। उदा., **ईश**

ઉ	(ह्रस्व) उ	'उ'का उच्चार संक्षिप्त होता है। उदा., **उपर**
ઊ	(संधि) ऊ	'ऊ' का उच्चार लंबा होता है। उदा., **ऊंट**
ઋ	(ह्रस्व) ऋ	'ऋ'का उच्चार संक्षिप्त होता है। उदा., **ऋषि**
એ	(संधि) ए	'ए' का उच्चार लंबा होता है। उदा., **एक**
ઐ	(युति स्वर) ऐ	'ऐ' का उच्चार लंबा होता है। उदा., **ऐरावत**
ઓ	(संधि) ओ	'औ' का उच्चार लंबा होता है। उदा., **घोडा**
ઔ	(युति स्वर) औ	'औ' का उच्चार लंबा होता है। उदा., **औपचारिक**
અં	(संधि) अं	'अं' का उच्चार लंबा होता है। उदा., **अंतर**
અઃ	(संधि) अः	'अः' का उच्चार लंबा होता है। उदा., **दुःख**

टिप्पणी

* **ઋ** का उच्चार રૂ या **રુ** से अलग होता है। वास्तव में **ઋ** असल संस्कृत या तत्सम शब्द है और यह गुजराती फोनेटिक सेट-अप में स्वर के हिसाब से पूर्ण स्वीकार्य नहीं है।
* **અ, (અં), અઃ** वास्तव में पूर्ण स्वर नहीं है, लेकिन गौण स्वर (अयोगवाह) है। किन्तु सुविधा के लिये उन्हें स्वरो के साथ रखे जाते है।

तीसरी सीढ़ी-ત્રીજું પગથિયું

व्यंजन

વ્યંજન

हम जानते है के गुजराती में ३५ व्यंजन है। उनमें से कुछ व्यंजन गुजराती की विशेषता है, जो अंग्रेजी या अन्य किसी भाषा में नहीं है।

सामान्यतः गुजराती वर्णमालाकी किताबों में यह देखने को मिलते है, उनके मुताबिक व्यंजनो इस प्रकार है :

ક	ખ	ગ	ઘ	ઙ	ચ	છ	જ	ઝ	ઞ
क	ख	ग	घ	ङ	च	छ	ज	झ	ञ
ટ	ઠ	ડ	ઢ	ણ	ત	થ	દ	ધ	વ
ट	ठ	ड	ढ	ण	त	थ	द	ध	व
પ	ફ	બ	ભ	મ		ય	ર	લ	વ
प	फ	ब	भ	म		य	र	ल	व
શ	ષ	સ	હ					ડ	ઢ
श	ष	स	ह					ड़	ढ़

1. स्वर અ (अ) हरेक उच्चार में सामान्यत: समाहित होता ही है, किन्तु शब्द के अंत में उसे उच्चारा नहीं जा शकता । उदा., બચત का उच्चार 'બચત્' होता है।

2. जहां व्यंजन के साथ स्वर मिश्रित नहीं होता, वहां हलन्त चिह्न (्) रखा जाता है। उदा., પશ્ચાત્ (पश्चात्)।

3. जिन स्वरो के साथ अ अथवा अन्य स्वर मिश्रित होते है उन्हे संधि कर के इस प्रकार लीखा जा सकता है ।

ક્ + અ = ક, ચ્ + આ = ચા, ત્ + અ = ત પ્ + આ = પા आदि ।

4. अक्षरो छ झ ण ल और श लेखन में क्रमानुसार छ, झ, ण, ल और श रीत से भी लीखे जा सकते है, किन्तु स्टान्डर्डाइझ्ड गुजराती लिपि में वह नहीं लिखा जा शकता.

5. अक्षरो ક, ધ, ભ और ત્ર लेखन में क्रमानुसार ખ, ધ, ભ और ત્ર रीत से भी लीखे जा सकते है, किन्तु स्टनाडर्डाइझ्ड गुजराती लिपि में वह नहीं लिखा जा सकता ।

पहचान और उच्चार :

ગ	મ	ભ	ર	સ	ખ	શ	વ	બ	ક
ઘ	ધ	ડ	ડ	ઙ	ઢ	ઢ	ટ	ણ	ઠ
ત	ના	ય	થ	ચ	જ	છ	દ	ફ	પ
લ	ષ	સ	શ	હ					

व्यंजन के प्रकार :

6. मूलत: स्वरो तीन प्रकार के है (१) स्पर्श, (२) अंतस्थ और (३) ऊष्म ।

ક से મ—तक के २५ व्यंजन को स्पर्श व्यंजन कहते है। अन्य ८ व्यंजनो में प्रथम चार ય, ર, લ, વ अंतस्थ व्यंजन और अन्य चार શ, ષ, સ, હ के ऊष्म व्यंजन कहते है ।

व्यंजनो के उच्चार :

7. आईए, जानते है, कोने से व्यंजन का उच्चार कीस प्रकार कीया जाता है :

अक्षर	उच्चार	उदाहरणार्थ शब्द
ક	क	कलम
ખ	ख	खल
ગ	ग	गणपति
ઘ	घ	घडी
ઙ	ङ	वाङमय
ચ	च	चमन
છ	छ	छत
જ	ज	जग
ઝ	झ	झमरूख
ઞ	ञ	न्य् प्रकार का सींगल साउन्ड

ટ	ट	टपाल (डाक)
ઠ	ठ	ठळिया
ડ	ड	डमरू
ઢ	ढ	ढगला
ણ	ण	रण
ત	त	तलवार
થ	थ	थड
દ	द	दरबार
ધ	ध	धन
ન	न	नगारा
પ	प	पतंग
ફ	फ	फानुस
બ	ब	बरसात
ભ	भ	भजन
મ	म	मगर
ય	य	यति
ર	र	रमत
લ	ल	लहसुन
વ	व	वन
શ	श	शंकर
ષ	ष	षट्कोण
સ	स	सगडी
હ	ह	हलवाई
ડ઼	ड़	ડ઼का अल्प उच्चार जिस प्रकार अमेरिकन इंग्लीश में **आर** का उच्चार होता है।
ઢ઼	ढ़	ઢ઼का लाक्षणिक उच्चार । उ.दा., ગઢ઼

टिप्पणी

1. ઙ, ઞ, ઋ, ડ और ઢ कभी भी शब्द के प्रारंभ में नहीं आते ।

2. ઙ और ઞ आधुनिक गुजराती भाषा में अब दिखाई नहीं देते ।

3. ખ, ઘ, છ ઝ, ઠ, ઢ, ણ, ધ, ફ, ભ और ષ व्यंजनो गुजराती भाषा की विशेषता हे, जो व्यंजनो अंग्रेजी जैसी भाषा में नहीं दिखते । इन व्यंजनो को उच्चार के माध्यम से प्रेक्टिस से समजा जा सकता है ।

चौथी सीढ़ी - ચોથું પગથિયું

वर्णमाला कैसे लिखोगे

1. गुजराती भाषा गुजराती लिपि में लिखी जाती है। यह लिपि रोमन लिपि की तरह बायें से दांये लिखी जाती है ।
2. कैसे लिखना वह यहां नंबर १,२, ३, ४, ५ द्वारा दर्शाया गया है । नंबर १ से २, ३ आदि तक आगे बढने से आप इसे उचित प्रकार से लिख सकोगे ।

आईए, हम आरंभ करते है, स्वर और व्यंजन किस प्रकार से लिखे जा सकते है ।

स्वर स्वર

અ આ ઇ ઈ ઉ ઊ

ઋ એ ઐ ઓ ઔ અં અઃ

व्यंजन - વ્યંજન

ક ખ ગ ઘ ઙ

ચ	છ	જ	ઝ	ઞ
ટ	ઠ	ડ	ઢ	ણ
ત	થ	દ	ધ	ન
પ	ફ	બ	ભ	મ
ય	ર	લ	વ	શ
	ષ	સ	હ	
	ક્ષ	ત્ર	જ્ઞ	

ડ઼ ઢ઼

टिप्पणी

1. इस अध्याय में गुजराती लिपि के अनुसार दर्शाया गया है, जिसे सीखना जरूरी है।
2. गुजराती लिपि बाये से दाये की ओर लिखि जाती है। हिन्दी भाषा की तरह हर एक अक्षर के उपर शीरो रेखा नहीं होती।
3. ક્ષ, ત્ર और જ્ઞ व्यंजन नहीं है, किन्तु दो व्यंजन का संयोजन है।
4. हर एक अक्षर की रेखाएं उसके साथ दर्शायी गई है, उसी प्रकार से लिखना जरूरी है।

पांचवीं सीढ़ी- પાંચમું પગથિયું

स्वर एवं उनकी मात्रा
સ્વર અને એમની માત્રાઓ

गुजराती लिपि में स्वर के दो प्रकार है : (१) सिलेबिक फोर्म्स और (२) एब्रिवेटेड फोर्म्स. यहां सिलेबिक फोर्म्स और एब्रिवेटेड फोर्म्स को इस प्रकार से देख सकोगे।

सिलेबिक फोर्म्स : અ આ ઇ ઈ ઉ ઊ ઋ એ ઐ ઓ ઔ અં અઃ

एब्रिवेटेड फोर्म्स : - . િ ી ુ ૂ ૃ ે ૈ ો ૌ

1. (i) सिलेबिक फोर्म्स को अलग तरह से इस प्रकार लिखा जा सकता है :

આ (आ) આવો (आओ) આવો (आइए)

(ii) स्वर के एब्रिवेटेड फोर्म्स व्यंजन के अक्षरो के आगे के भाग में आते है, वह इस प्रकार है :

(a) . ી ો ૌ — अक्षर के बाद आते है।

(b) િ — अक्षर के पहले आते है।

(c) ુ ૂ ૃ — अक्षर के नीचे आते है।

(d) ે ૈ — अक्षर के उपर आते है।

स्वर के इस एब्रिवेटेड फोर्म्स को मात्राएं भी कहा जाता है।

स्वर और व्यंजन का मात्राओ के साथ संयोजन।

2. स्वर और व्यंजन का संयोजन मात्राओ के साथ किस प्रकार से होता है, उसे यहां समजते है। इस संयोजन को बाराखडी भी कहा जाता है।

ક	કા	કિ	કી	કુ	કૂ	કૃ	કે	કૈ	કો	કૌ	કં	કઃ
क	का	कि	की	कु	कू	कृ	के	कै	को	कौ	कं	कः

आगे के भाग में आने वाली मात्राओ किस प्रकार से संयोजाती है, वह यहां बताया गया है :

ખ	ખા	ખિ	ખી	ખુ	ખૂ	ખૃ	ખે	ખૈ	ખો	ખૌ	ખં	ખઃ
ख	खा	खि	खी	खु	खू	खृ	खे	खे	खो	खौ	खं	खः
ગ	ગા	ગિ	ગી	ગુ	ગૂ	ગૃ	ગે	ગૈ	ગો	ગૌ	ગં	ગઃ
ग	गा	गि	गी	गु	गू	गृ	गे	गै	गो	गौ	गं	गः
ઘ	ઘા	ઘિ	ઘી	ઘુ	ઘૂ	ઘૃ	ઘે	ઘૈ	ઘો	ઘૌ	ઘં	ઘઃ
घ	घा	घि	घी	घु	घू	घृ	घे	घै	घो	घौ	घं	घः
ચ	ચા	ચિ	ચી	ચુ	ચૂ	ચૃ	ચે	ચૈ	ચો	ચૌ	ચં	ચઃ
च	चा	चि	ची	चु	चू	चृ	चे	चै	चो	चौ	चं	चः
ટ	ટા	ટિ	ટી	ટુ	ટૂ	ટૃ	ટે	ટૈ	ટો	ટૌ	ટં	ટઃ
ट	टा	टि	टी	टु	टू	टृ	टे	टै	टो	टौ	टं	टः
ત	તા	તિ	તી	તુ	તૂ	તૃ	તે	તૈ	તો	તૌ	તં	તઃ
त	ता	ति	ती	तु	तू	तृ	ते	तै	तो	तौ	तं	तः
પ	પા	પિ	પી	પુ	પૂ	પૃ	પે	પૈ	પો	પૌ	પં	પઃ
प	पा	पि	पी	पु	पू	पृ	पे	पै	पो	पौ	पं	पः
ય	યા	યિ	યી	યુ	યૂ	યૃ	યે	યૈ	યો	યૌ	યં	યઃ
य	या	यि	यी	यु	यू	यृ	ये	यै	यो	यौ	यं	यः
ર	રા	રિ	રી	રુ	રૂ	-	રે	રૈ	રો	રૌ	રં	રઃ
र	रा	रि	री	रु	रू	–	रे	रै	रो	रौ	रं	रः

લ	લા	લિ	લી	લુ	લૂ	લૃ	લે	લૈ	લો	લૌ	લં	લઃ
ल	ला	लि	ली	लु	लू	लृ	ले	लै	लो	लौ	लं	लः
વ	વા	વિ	વી	વુ	વૂ	વૃ	વે	વૈ	વો	વૌ	વં	વઃ
व	वा	वि	वी	वु	वू	वृ	वे	वै	वो	वौ	वं	वः
શ	શા	શિ	શી	શુ	શૂ	શૃ	શે	શૈ	શો	શૌ	શં	શઃ
श	शा	शि	शी	शु	शू	शृ	शे	शै	शो	शौ	शं	शः
સ	સા	સિ	સી	સુ	સૂ	સૃ	સે	સૈ	સો	સૌ	સં	સઃ
स	सा	सि	सी	सु	सू	सृ	से	सै	सो	सौ	सं	सः
હ	હા	હિ	હી	હુ	હૂ	હૃ	હે	હૈ	હો	હૌ	હં	હઃ
ह	हा	हि	ही	हु	हू	हृ	हे	है	हो	हौ	हं	हः

आदि ।

3. मात्राओ ઉ और ઊ अपवाद रूप से अलग लिखि जाति है, जीसका संयोजन मूलतः इस प्रकार है :

   ર્ + ઉ = રુ　　　　ર્ + ઊ = રૂ (રૂ)

स्वर और व्यंजन का शब्दो में संयोजन :

व्यंजनो के साथ स्वरो का संयोजन होने के बाद शब्द बनता है. अतः यहां हम समजते है के, यह संयोजन होने के बाद गुजराती भाषा के शब्द कैसे बनते है और उनके अर्थ क्या होते है।

(i) स्वर આ (आ) के साथ व्यंजनो का संयोजन :

આ के संयोजन वाले कुछ शब्द इस प्रकार है :

કામ **kaam,** काम　　　　નામ **naam,** नाम

માતા **mata,** माता　　　　ખાવાનું **khavanu,** खाना

મોટું **motu,** बड़ा　　　　સરનામું **sarnamu,** पता

જાગવું **jagvu,** जागना　　　　દોડવું (ભાગવું) **dodvu,** भागना

ઘરેણાં **garena,** गहना　　　　ઝરણું **Zarnu,** झरना

(ii) स्वर इ *(ઇ)* का व्यंजनो के साथ संयोजन :

स्वर इ का संयोजन होता है, तब उसका ह्रस्व चिह्न अक्षर के आगे आता है ।

દિવસ **divas,** दिन　　　　માથું **mathu,** सिर

પિતા **pita,** पिता　　　　વગર **vagar,** बिना

જો **jo,** यदि　　　　ગતિ **gati,** गति

મિત્ર **mitra,** मित्र　　　　ચિત્ર **chitra,** चित्र

શનિવાર **shanivar,** शनिवार　　　　રવિવાર **ravivar,** रविवार

(iii) स्वर ઈ (ई) का व्यंजनो के साथ संयोजन :

व्यंजनो के साथ संयोजन :

બરાબર **barabar,** ठीक　　　　ગીત **git,** गीत

ગરીબ **garib,** गरीब　　　　શરીર **sharir,** शरीर

દીવાલ **dival,** दीवार — બીમાર **bimar,** बीमार

ગરમી, **garmi,** गरमी — ઠંડી **thandi,** सर्दी

(iv) स्वर उ *(ઉ)* का व्यंजनो के साथ संयोजन :

स्वर ઉ (उ) और ઊ (ऊ) का संयोजन व्यंजनो के साथ होता है, तब 'ર' के अलावा व्यंजनो में वह ईस प्रकार अक्षर के नीचे के भाग में लिखा जाता है।

उ (ઉ)

गुण **gun,** ગુણ — सुन **sun,** સાંભળવું

गुलाब **gulab,** ગુલાબ — चुनाव **chunav,** ચુંટણી

पशु **pashu,** પશુ — वायु **vayu,** હવા (વાયુ)

ऊ (ઊ)

झूठ **jhuth,** જૂઠું — दूध **dudh,** દૂધ

फूल **phul,** ફૂલ — भूल **bhul,** ભૂલ

चाकू **chaku,** ચાકૂ — डाकू **daku,** ડાકૂ

लेकिन, स्वर ઉ (उ) और ઊ (ऊ) जब व्यंजन 'ર' के साथ संयोजाता है, तब वह अक्षर के बीच में लिखा जाता है। अतः,

ઉ (उ)

રુપિયા **rupiya,** रुपया

રોકાવું **rokavu,** रुकना — રુચિ **ruchi,** रुचि

ઊ (ऊ)

શરૂ **Sharu,** शुरू — રૂપ **rup,** रूप

સૂકું **suku,** रूखा

(v) व्यंजनो के साथ ઋ (ऋ) का संयोजन :

ઋ – का उच्चारण 'રુ' प्रकार से होता है। उदा., कृषि में (कृ) शब्द लिखा है। यद्यपि गुजराती में कई बार उसका उच्चार (रु) प्रकार से भी किया जाता है। उसका उच्चार कहीं (अ) और (ई) प्रकार से भी होता है। आधुनिक गुजराती में उसका उच्चार (रु) प्रकार से होता है। उदा., કૃપા।

ઋ ના विविध प्रकार के उच्चार नीचे दर्शाये गये शब्दो पर से समज सकते है।

કૃપા **krupa,** कृपा — ઘૃણા **ghruna,** घृणा

કૃષિ **krushi,** कृषि — ગૃહ **gruh,** गृह

પૃથક **pruthak,** पृथक् — કૃપણ **krupaṇ** कृपण

(vi) स्वर એ (ए), ઐ (ऐ) का व्यंजनो के साथ संयोजन :

એ (ए)

દેશ **desh,** देश — ખેતર **khetar,** खेत

મને **mane,** मुझे — એને **ene,** उसे

સેવા **seva,** सेवा — સેના **sena,** सेना

વહેંચવું **vahenchvu,** बेंचना

ઐ (ऐ)

દૈનિક **dainik,** दैनिक　　　સૈનિક **sainik,** सैनिक

(vii) स्वर ઓ (ओ), ઔ (औ) का व्यंजनो के साथ संयोजन :

ઓ (ओ)

ચોર **chor,** चोर　　　મોર **mor,** मोर

દોષ **dosh,** दोष　　　કોષ **kosh,** कोष

તોડવું **todvu,** तोड़ना　　　જોડવું **jodvu,** जोड़ना

ભોજન **bhojan,** भोजन　　　બોટલ **botal,** बोतल

ઔ (औ)

મૌન **maun,** मौन

(viii) अयोगवाह (सेमी वोंवेल्स) का व्यंजनो के साथ संयोजन :

गुजराती भाषा में सेमी वोंवेल्स तीन प्रकार के है :

(i) અનુસ્વાર (अनुस्वार)—स्वर और व्यंजन के संयोजन में अक्षर के उपर रखा जाता है, (उदा., અંગ) स्वर और व्यंजन का संयोजन होता है तब उसका उच्चार इस प्रकार होता है। उदा., (उदा., મંદ).

(ii) વિસર્ગ (विसर्ग)—विसर्ग चिह्न स्वर व्यंजन संयोजन में अक्षर के आगे रखा जाता है। उदा., (નિઃસંદેહ, દુઃખ). विसर्ग संस्कृत शब्दो में आता है।

(iii) અનુનાસિક (अनुनासिक)—अनुनासिक अर्धनश्य ध्वनि है, जिसे ચંદ્રબિંદુ (चंद्रबिंदु) रीत से लिखा जाता है।

(a) अनुनासिक सिर्फ स्वर संज्ञा के उपर ही लिखा जाता है। उदा., — આઁખ, ઊઁટ.

(b) लेकिन जब स्वर चिह्नो (િ, ી, ે, ૈ, ો, ૌ) प्पर वह लिखते है, तब उस में चंद्रबिंदु नहीं रखा जाता। उदा., અમને, છે, છો आदि।

आईए, कुछ अन्य शब्दो का अध्ययन करते है।

અનુસ્વાર- अनुस्वार (˙)

અંક **ank,** अंक　　　અંગ **ang,** अंग

અંશ **ansh,** अंश　　　સિંહ **sinh,** सिंह

વિસર્ગ- विसर्ग (:)

દુઃખ **duhkh,** दुःख　　　નિઃસંકોચ **nihsankoch,** निःसंकोच

પુનઃ **punah,** पुनः　　　દુઃસહ્ય **duhsahy,** दुःसह

टिप्पणी

1. ઇ (િ) स्वर का एब्रिवेटेड फोर्म याने मात्रा को अक्षर के आगे लिखा जाता है।
2. ઉ और ઊ जब के साथ संयोजाता है, उसके अलावा मात्राओं अक्षर के साथ आती है। के साथ संयोजन इस प्रकार हौता है।

   ર + ઉ = રુ ર + ઊ = રૂ

3. હસ और હંસ बीच में काफी अंतर है। नश्य शब्द है, जब नश्य स्वर वाला शब्द है।
4. विसर्ग ज्यादातर संस्कृत शब्दो में प्रयोग किया जाता है। उदा., **દુ:ખ, નિ:સંદેહ** आदि।

छठी सीढ़ी - છઠ્ઠું પગથિયું

संयुक्त वर्ण

સંયુક્ત વર્ણ

ક્ષ ત્ર જ્ઞ अधिक अक्षर है। जो दो स्वरो और एक व्यंजन का मिश्र रूप है और इसलिए उसे संयुक्त वर्ण कहा जाता है।

संयुक्त वर्णो के घटको को इस प्रकार अलग किया जा सकता है :

ક્ષ = ક્ + ષ + અ ksha उदा., —ક્ષણિક **Kshanik**, क्षणिक

ત્ર = ત્ + ર + અ tra : उदा., ,—પત્ર **patra**, पत्र

જ્ઞ = જ્ + ઞ + અ jna : उदा., ,—જ્ઞાન **jnan** or **gyan,** ज्ञान

સંયુક્ત વર્ણ - जब दो या दो से ज्यादे व्यंजनो के बीच में स्वर न हो और उनका उच्चार एक साथ होता हो, तब उसे संयुक्त वर्ण कहा जाता है।

उदा., — ગ્ + વ = ગ્વ; દ્ + દ = દ્દ; ક્ + ત = ક્ત; ક + ર = ક્ર; ટ્ + ટ = ટ્ટ

संयुक्त वर्णों का वर्गीकरण पांच प्रकार से किया जा सकता है।

(a) पाई वाले व्यंजन (પાયાવાળા વ્યંજનો, જેમાં નીચે વર્ટીકલ લાઇન હોય છે.) દા.ત.,— ग् = ग।

(b) खूंटीधारी पाई वाले व्यंजन (ખૂંટીધારી પાયાવાળા વ્યંજનો, જેમાં અક્ષર કપાયછે.), उदा.,— ફ્ = ફ્ ।

(c) बिना पाई वाले व्यंजन, जो कि संयुक्ताक्षर के रूप में उपर-नीचे लिखे जाते हैं (પાયા વગરના વ્યંજનો, જે સંયુક્ત અક્ષરના રૂપમાં ઉપર-નીચે લખવામાં આવે છે.) उदा.,— દ્ + ધ = દ્ધ

(d) बिना पाई वाले व्यंजन, जो कि संयुक्ताक्षर के रूप में अलग-अलग पहले व्यंजन में हल् लगाकर लिखे जाते हैं (પાયા વગરના વ્યંજનો, જે સંયુક્ત અક્ષરના રૂપમાં હલ્ ચિહ્ન મૂકીને લખાય છે.) उदा.,— ટ્ + ઠ = ટ્ઠ.

(e) संयुक्ताक्षरों के अपवाद रूप (સંયુક્તાક્ષરોના અપવાદ રૂપો) उदा.,— ક્ + ર = ક્ર; ડ્ + ર = ડ્ર; દ્ + મ = દ્મ.

इस प्रकार के संयुक्त वर्णो का कुछ ऐसै रूप है, जो रेग्युलर नियमो को के मुताबित नहीं होते।

अब हम उपर दर्शाये गये पांचों प्रकार के कुछ उदाहरण निम्नलिखित देखते है।

प्रकार एक : **પાઈવાળા વ્યંજન (पाई वाले व्यंजन)**

ગ્ગ ગ્ધ ધ્ય ચ્ચ ચ્છ જ્વ

ત્થ ધ્ય ન્ય પ્વ બ્ય ભ્ય

મ્ય લ્ય વ્ય શ્ક ષ્ય સ્વ

प्रकार दो : **ખૂંટીધારી પાઈવાળા વ્યંજન (खूंटीधारी पाई वाले व्यंजन)**

ક્ + ય = ક્ય — ક્ય, ક્વ, ક્ત, ક્લ

ફ્ + ત = ફ્ત — ફ્ત, ફ્ય, ફ્વ, ફ્ન

ક્ + ક = ક્ક,

प्रकार त्रणः (ઉપર-નીચે લખવામાં આવતા) પાઈ વગરના વ્યંજન (**बिना पाई व्यंजन**)

દ્ + દ = દ્દ, દ્ + ધ = દ્ધ, હ્ + ર = હ્ર

દ્ + વ = દ્વ, ટ્ + ર = ટ્ર, ડ્ + ર = ડ્ર

प्रकार चार : **પાઈ વગરના વ્યંજન (बिना पाई व्यंजन)**

ટ્ + ટ = ટ્ટ, ટ્ + ઠ = ટ્ઠ

ડ્ + ડ = ડ્ડ, ઢ્ + ય = ઢ્ય

प्रकार पांच : **संयुक्ताक्षरों के अपवाद रूप (સંયુક્તાક્ષરોના અપવાદ રૂપ)**

(i) ર सहित

ક્ + ર = ક્ર/ ગ્ર, ઘ્ર, જ્ર, ઝ્ર

ત્ + ર = ત્ર/ ત્ર, દ્ર, ધ્ર

પ્ + ર = પ્ર/ ફ્ર, બ્ર, ભ્ર, સ્ર

(iii) હ્ सहित ય, મ, ન

હ્ + મ = હ્મ और હ્મ

હ્ + ય = હ્ય, और હ્ય

હ્ + ન = હ્ન, और હ્ન

શ્ + ર = શ્ર/ શ્ર, શ્ર

(ii) ર્ सहित

ર્ + ક = ર્ક, ર્ખ, ર્ગ, ર્ઘ, ર્ચ

ર્ + ક = ર્છ, ર્જ, ર્ટ, ર્ઠ, ર્ડ

ર્ + ણ = ર્ણ, ર્ત, ર્થ, ર્દ, ર્ધ

ર્ + ન = ર્ન, ર્પ, ર્ફ, ર્બ, ર્ભ

ર્ + મ = ર્મ, ર્ય, ર્વ, ર્લ, ર્શ

ર્ + ષ = ર્ષ, ર્સ, ર્હ

દ્ + વ = દ્વ, और દ્વ

દ્ + મ = દ્મ, और દ્મ

દ્ + ય = દ્ય, और દ્ય

(iv) ક્ષ, ત્ર, જ્ઞ

ક્ + ષ = ક્ષ (ક્ષતિ)

ત્ + ર = ત્ર (પત્ર)

જ્ + ઞ = જ્ઞ (જ્ઞાની)

इसके अलावा परंपरागत रीत से लिखे जाने वाले विविध प्रकार के संयोजनो अलग-अलग शब्दो में इस प्रकार आते है :

(क) ભક્તિ **bhakti,** भक्ति — શક્તિ **shakti,** शक्ति

(ख) મુખ્ય **mukhya,** मुख्य — સંખ્યા **sankhya,** संख्या

(स्) ઉપસ્થિત **upasthit,** उपस्थित — સ્થિતિ **sthiti,** स्थिति

(ग्) યોગ્ય **yogya,** योग्य — અગિયાર **Agiyaar,** ग्यारह

(द्) વિદ્યા **vidhya,** विद्या — દ્વારા **dvara,** द्वारा

(त्) યત્ન **yatna,** यत्न — સત્ય **satya,** सत्य

(प्) પ્યાર **pyar,** प्यार — પ્યાસ **pyas,** प्यास

(न्) ન્યાય **nyay,** न्याय — અન્ય **anya,** अन्य

(च) બાળક **balak,** बच्चा — (ज्) શરમ **sharam,** लज्जा

(ट्) ખાટ્ટું **khattu,** खट्टा — (ड) અડ્ડો **addo,** अड्डा

(ल्) બિલાડી **biladi,** बिल्ली — (ण्) પુણ્ય **punya,** पुण्य

(र्) કાર્ય **karya,** कार्य — શરમ **sharam,** शर्म

અર્થ **artha,** अर्थ — વર્ષ **varsh,** वर्ष

વરસાદ **varshad,** वर्षा — કાર્યાલય **karyialay,** कार्यालय

(-र) પ્રકાશ **prakash,** प्रकाश — ગ્રામ **gaam,** ग्राम

ક્રમ **kram,** क्रम — શ્રમ **shram,** श्रम

ડ્રામા **drama,** ड्रामा — રાષ્ટ્ર **rashtra,** राष्ट्र

टिप्पणी

1. ક્ષ, ત્ર, જ્ઞ - अधिक अक्षरो है, जो संयोजन है।
2. ત્ર, ક્ર, હ્મ, હ્ય, શ્ર और દ્ય वैकल्पिक रूप से ज्यादातर ત્ર, ક્ર, હ્મ, હ્મ, હ્ન, શ્ર और દ્ય प्रकार से भी लिखे जाते है।
3. ક્ર का अर्थ होता है **'ક્ર'** हल् है और उस में स्वर नहीं है। जब ર્ક का अर्थ होता है के, उसमे र् हल् है. और उस में भी स्वर नहीं है। इस प्रकार ट्र में ट् हल् है और उस में भी स्वर नहीं है, इस बात को याद रखना जरूरी है।
4. आधुनिक गुजराती में ङ्, ञ, ण् न्, म् आदि के प्रयोग **અંઙ્ગ, અઞ્ચલ, દંડ, અંત** जैसे शब्दो में होता है, किन्तु आधुनिक गुजराती में वह अब प्रयोग नहीं कीये जाते। अब ऐसे शब्दो में अनुस्वार रखा जाता है. उदा., **અંચલ, દંડ, અંત,કંપન** आदि।

सातवीं सीढ़ी- સાતમુ પગથિયું

शब्द के भेद
શબ્દભેદ

1. शब्द के मुख्यतः दो घटक होते है – ઉદ્દેશ્ય (Subject) और વિધેય (Predicate). उद्देश्य इससे तय होता है की वाक्य में क्या कहा गया है। से वाक्यो का कथन स्पष्ट होता है।

   वाक्य में ઉદ્દેશ્ય और एक या उससे ज्यादा शब्दो में समाहित होते है। अतः शब्द वाक्य में उसका विशिष्ट कार्य करता है।

2. शब्दो के अलग-अलग ८ प्रकार है। जिन्हें पाट्‌र्स ओफ स्पीच या शब्द भेद कहा जाता है। वह इस प्रकार है :

1. સંજ્ઞા (संज्ञा)
2. સર્વનામ (सर्वनाम)
3. વિશેષણ (विशेषण)
4. ક્રિયા (क्रिया)
5. ક્રિયા-વિશેષણ (क्रिया-विशेषण)
6. સંબંધ-બોધક (संबंध-बोधक)
7. યોજક (योजक)
8. વિસ્મયાદિબોધક (विस्मयादिबोधक)

प्रथम चार વિકારી (विकारी), है, और अन्य चार अविकारी है।

अब यहां दिये गये वाक्य का ध्यानपूर्वक अध्ययन करे :

ઓહ! નાના ભાઈ અને બહેને મને ઓરડાની અંદર ધીમે-ધીમે કહ્યું.

ओह! छोटे भाई और बहन ने मुझे कमरे के अंदर हौले-हौले बताया।

उपर के वाक्य में –

'ઓહ! નાના ભાઈ અને બહેન' તે ઉદ્દેશ્ય (उद्देश्य-subject) છે

और –

'મને ઓરડાની અંદર ધીમે-ધીમે કહ્યું.' याने વિધેય (विधेय-predicate) है।

तो आईए, पार्टस ऑफ स्पीच के मुताबिक इस वाक्य के हर एक शब्द का व्याकरणानुसार वर्गीकरण करते है :

(1) ઓહ (ओह) — વિસ્મયાદિબોધક[8]
(2) નાના (छोटे) —વિશેષણ[3]
(3) ભાઈ (भाई) — સંજ્ઞા[1]
(4) અને (और) — યોજક[7]
(5) બહેને (बहन ने) — સંજ્ઞા[1]
(6) મને (मुझे) — સર્વનામ[2]
(7) રૂમની અંદર [कमरे के अंदर] — સંબંધ-બોધક[6]
(8) ધીમે-ધીમે (हौले-हौले) — ક્રિયા-વિશેષણ[5]
(9) કહ્યું (बताया) — ક્રિયા[4]

अब हम पाट्‌र्स ऑफ स्पीच के हरेक प्रकार की भूमिका समजेंगे। आगे के अध्यायो में वाक्य के बंधारणो में इस के विषय में गहराइ से समजेंगे।

शब्द के भेद
શબ્દના ભેદ

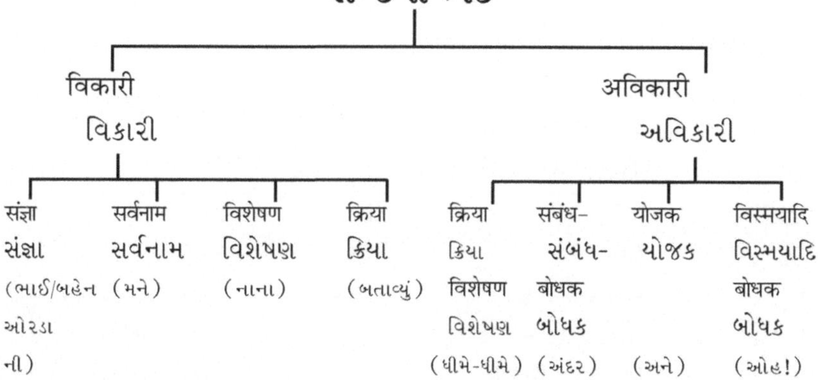

संज्ञा - સંજ્ઞા

संज्ञा किसी भी बाबत का नाम है।

गुजराती में नाम के तीन प्रकार है।

(i) વ્યક્તિવાચક व्यक्तिवाचक

(ii) જાતિવાચક जातिवाचक

(iii) ભાવવાચક भाववाचक

ગોપાલ એક પુરુષ છે.	गोपाल एक पुरुष है।
મુંબઈ એક નગર છે.	मुम्बई एक नगर है।
બાઈબલ એક પુસ્તક છે.	बाइबिल एक पुस्तक है।

(i) ગોપાલ, મુંબઈ और બાઈબલ अनुक्रम व्यक्ति, स्थान और वस्तु (चीज़) के निश्चित नाम है। अतः वह व्यक्तिवाचक नाम है।

(ii) પુરુષ, નગર और પુસ્તક वह निश्चित वर्ग के जाति के नाम है इसलिए वह जातिवाचक नाम कहलाते है।

(iii) भाववाचक नाम संज्ञा का दूसरा प्रकार है और वह स्थिति, गुणवत्ता या क्रिया की संज्ञा है। उदा., પુરુષત્વ, નાગરિકતા, જ્ઞાન आदि।

यहां दिये गये वाक्यों को पढे :

(a) સચ્ચાઈ મનુષ્યનો સર્વોત્તમ ગુણ છે.	सच्चाई मनुष्य का सर्वोत्तम गुण है।
(b) મને પોતાના બાળપણની યાદ છે.	मुझे अपने बचपन की याद है
(c) મુસ્કુરાહટમાં જીવન છે.	मुस्कराहट में जीवन है।

उपर के वाक्यो में સચ્ચાઈ, બાળપણ और મુસ્કુરાહટ भाव, गुणवत्ता, स्थिति, क्रिया आदि दर्शाते है। अतः उन को भाववाचक संज्ञा कहते है।

भाववाचक संज्ञा अलग-अलग तीन प्रकार से बनती है।

(1) જાતિવાચક સંજ્ઞાઓથી (जातिवाचक संज्ञाओं से)

(2) વિશેષણોથી (विशेषणों से)

(3) ક્રિયાઓથી (क्रियाओं से)

सामान्य संज्ञा से (સામાન્ય સંજ્ઞાથી)

सामान्य संज्ञा		अमूर्त संज्ञा	सामान्य संज्ञा		अमूर्त संज्ञा
શત્રુ	–	શત્રુતા, शत्रुता	પુરુષ	–	પુરુષત્વ, पुरुषत्व
માનવ	–	માનવતા, मानवता	ગુરુ	–	ગુરુત્વ, गुरुत्व
મિત્ર	–	મિત્રતા, मित्रता	દેવ	–	દેવત્વ, देवत्व
છોકરો	–	છોકરાપણું, लड़कपन	બાળક	–	બાળપણ, बचपन

विशेषण से (વિશેષણથી)

विशेषण		भाववाचक संज्ञा	विशेषण		भाववाचक संज्ञा
ચતુર	–	ચતુરતા, चतुरता	ચતુર	–	ચાતુર્ય, चातुर्य
સુંદર	–	સુંદરતા, सुंदरता	સુંદર	–	સૌંદર્ય, सौंदर्य
મધુર	–	મધુરતા, मधुरता	મધુર	–	માધુર્ય, माधुर्य
લઘુ	–	લઘુતા, लघुता	લઘુ	–	લઘુત્વ, लघुत्व
ખરાબ(બુરું)	–	બુરાઈ, बुराई	ભલું	–	ભલાઈ, भलाई
ઊંચું	–	ઊંચાઈ,उंचाई	સારું	–	સારાઈ, अच्छाई
ઠંડી	–	ઠંડી, सर्दी	વૃદ્ધ	–	વૃદ્ધાવસ્થા, बुढ़ापा
મોટો (જાડો)	–	મોટાપો, मोटापा			

क्रिया से (ક્રિયાથી)

क्रिया		भाववाचक संज्ञा	क्रिया		भाववाचक संज्ञा
સમજવું	–	સમજવું, समझ	તપાસવું	–	તપાસ, जांच
ઝગડવું	–	ઝગડવું, झगड़ा	છાપવું	–	છપાઈ, छापा
લડવું	–	લડાઈ, लड़ाई	લખવું	–	લિખાવટ, लिखाई
લખવું	–	લખવું, लिखावट	સજાવવું	–	સજાવટ, सजावट
બચવું	–	બચત, बचत	ખપાવું	–	ખપત (વપરાશ),खपत

टिप्पणी

1. यहां कुछ गुजराती अनुभव बताये गये है, जो संज्ञा, विशेषण और क्रियापदो के साथ संयोजन करके भाववाचक संज्ञा बनाते है ।

(i) -તા, -ત્વ, -પણ : उदाहरण : **મનુષ્યતા, દેવત્, બાળપણ.**

(ii) -તા, -ત્વ, -આઈ, ઈ, સ્થા, -ય उदाहरण : **સુંદરતા, લઘુત્વ, નીચાઈ, ગરમી, વૃદ્ધાવસ્થા, સૌંદર્ય**

(iii) -આઈ, આવટ, આટ, -આ, ત उदाहरण : **ઘડાઈ, બનાવટ, ગભરાટ, ઝગડા, ઉચિત.**

2. कभी-कभी शब्द मूलतः स्वयं भाववाचक संज्ञा बनता है ।

भाववाचक संज्ञा	साधित संज्ञा
સમજ	**સમજવું**
તપાસ	**તપાસવું**

आठवीं सीढ़ी - આઠમુ પગથિયું

लिंग
લિંગ

लिंग (લિંગ) याने जाति भेद। गुजराती में सीर्फ दो प्रकार के जाति भेद है - पुल्लिग (પુલ્લિગ), और स्त्रीलिंग (સ્ત્રીલિંગ).

(i) पुल्लिग (પુલ્લિગ) – पुरुष भाव निर्देश करते शब्द पुल्लिंग है।

(ii) स्त्रीलिंग (સ્ત્રીલિંગ) – स्त्री भाव निर्देश करते शब्द स्त्रीलिंग है।

उदाहरण :

पुल्लिग પુલ્લિગ	**स्त्रीलिंग સ્ત્રીલિંગ**
पुरुष (પુરુષ), कुत्ता (કુતરો)	स्त्री (સ્ત્રી), કુતરી (कुतिया)
बैल (આખલો), सिंह (સિંહ)	गाय (ગાય), સિંહણ (सिंहन)
उंट (ઊંટ), घोड़ा (ઘોડો)	उंटनी (ઊંટણી), ઘોડી (घोडी)
लड़का (છોકરો), नौकर (નોકર)	लड़की (છોકરી), नौकरानी (નોકરાણી)
धोबी (ધોબી)	धोबिन (ધોબણ)
बूढ़ा (વૃદ્ધ)	बुढ़िया (વૃદ્ધા)

रिश्ते સંબંધો

पिता (પિતા), पुत्र (પુત્ર)	माता (માતા), पुत्री (પુત્રી)
भाई (ભાઈ), चाचा (કાકા)	बहन (બહેન), चाची (કાકી)
मामा (મામા)	मामी (મામી)
मौसा (માસા)	मौसी (માસી)
फूफा (ફૂઆ)	फूफी (ફોઈ)
भांजा (ભાણીયો)	भांजी (ભાણી)
भतीजा (ભત્રીજો)	भतीजी (ભત્રીજી)
दामाद (જમાઈ)	बहू (વહુ)
साला (સાળો)	साली (સાળી)
देवर/जेठ (દીયર/જેઠ)	ननद (નણંદ)

भाई (ભાઈ) | **बहन (બહેન)**

चचेरा કઝીન (કાકાનો છોકરો) | चचेरी કઝીન : કાકાની છોકરી

फुफेरा કઝીન (ફુઆનો છોકરો) | फुफेरी કઝીન : ફોઈની છોકરી

ममेरा કઝીન (મામાનો છોકરો) | ममेरी કઝીન : (મામીની છોકરી)

मौसंरा કઝીન (માસાનો છોકરો) | मौसेरी કઝીન : (માસીની છોકરી)

प्राणी-हीन पदार्थों का लिंग પ્રાણી-હીન પદાર્થોની જાતિ :

उल्लेखनीय है के, गुजराती में न्यूटर जेन्डर याने नान्यतर जाति (नपुसंक लिंग) आती नहीं। अत: हर के संज्ञा या तो लिंग है या तो पुल्लिंग है और इसलिए कभी-कभी शब्द सा लिंग कौनसा है, वह तय करना कठिन होता है।

इसलिए, प्राणीहीन शब्दो को दो प्रकार में बांटा जा सकता है :

(i) अर्थ के आधार पर (અર્થના આધાર પર)

(ii) रूप के आधार पर (રૂપના આધાર પર)

1. अर्थ के आधार पर (**અર્થના આધાર પ્રમાણે**)

पुल्लिग પુલ્લિંગ પુલ્લિંગ | **स्त्रीलिंग સ્ત્રીલિંગ** સ્ત્રીલિંગ

(1) **देश और प्रांतो के नाम**
ભારત,
પાકિસ્તાન, બાંગ્લાદેશ,
જાપાન, બર્મા, અમેરિકા,
ઇંગ્લેન્ડ, રૂસ, ફ્રાંસ आदि।
પંજાબ, હરિયાણા, હિમાચલ પ્રદેશ, ઉત્તર પ્રદેશ, તમિલનાડુ, કર્ણાટક, આંધ્ર પ્રદેશ,
મહારાષ્ટ્ર, ગુજરાત,રાજસ્થાન आदि।

(1) **वाहनो के नाम**
રેલગાડી, ગાડી
બસ, ખટારો, મોટરકાર,
નૌકા, નાવ, કશ્તી
અપવાદ (अपवाद)–
વાયુયાન, જળયાન, જહાજ, સ્ટીમર, હવાઈ જહાજ, ઘોડાગાડી

(2) **प्पहाड और समुद्र के नाम आदि।**
હિમાલય,
વિંધ્યાચલ, સુમેરૂ પર્વત,
હિન્દ મહાસાગર, અંધ મહાસાગર,
અરબ સાગર, લાલ સાગર
अपवाद– બંગાળની ખાડી (स्त्रीलिंग)

(2) **नदी और केनालो के नाम -**
सतलुज, व्यास,
रावी, चनाब, जेहलम, गंगा,
यमुना, गोदावरी, कृष्णा, नर्मदा,
ताप्ती
अपवाद – સિંધુ, બ્રહ્મપુત્ર, સોન (पुल्लिंग)

(3) **समय सूचक नाम :**
(i) ક્ષણ, પળ, સેકંડ, મિનિટ,
કલાક, અઠવાડિયું, પક્ષ, પખવાડિયું

(3) **तिथि-पर्व के नाम**
એકમ, બીજ, પાંચમ
આઠમ, દશમી, બારસ,
અમાસ, પૂનમ, બીજ

મહીનો, વર્ષ, સાલ વગેરે.

ત્રીજ, ચૌદસ વગેરે.

(ii) ચૈત્ર,વૈશાખ, જેઠ, અષાઢ,
શ્રાવણ, કાર્તિક, પૌષ, માગશર
ભાદરવો, ફાગણ વગેરે (દેશી
મહિનો), અને જાન્યુઆરી, ફેબ્રુઆરી,
માર્ચ, એપ્રિલ વગેરે. (અંગ્રેજી મહીના)

(iii) સોમવાર, મંગળવાર, બુધવાર વગેરે.

(4) **ग्रहो के नाम :**
સૂર્ય, ચંદ્ર, મંગળ, બુધ,
શનિ, રાહુ, કેતુ आदि।
अपवाद– પૃથ્વી (સ્ત્રીલિંગ)

(4) **मसाला के नाम :**
ઈલાયચી, સોપારી, મરચું,
તજ, હળદર, મુળેઠી.
अपवाद– મીઠું, જીરું, આદું

(5) **धातु के नाम :**
સોનૂ, લોખંડ,કાંસૂ,તાંબુ,
ટીન आदि।
अपवाद– ચાંદી (સ્ત્રીલિંગ)

(5) **सितारों के नाम :**
અશ્વિની, ભરણી, મૃગશિરા,
સ્વાતી, आदि।

(6) **गहनो के नाम :**
હીરો, પન્ના, પોખરાજ,
નીલમ, મોતી आदि।
अपवाद– મણિ (સ્ત્રીલિંગ)

(6) **भाषा के नाम :**
હિન્દી,પંજાબી, ઉર્દૂ, બાંગ્લા,
મલયાલમ, કન્નડ,તેલુગૂ,
મરાઠી, ગુજરાતી, સિંધી आदि।

(7) **वृक्षो के नाम :**
પીપળો, આંબો, વડ आदि।

(7) **खाद्य पदार्थो के नाम :**
પૂરી, કચોરી, રોટલી, દાળ, ભાજી,
अपवाद– પરાઠા (પુલ્લિંગ)

2. स्वरूप के हिसाब से (रूप के आधार पर)

पुल्लिग પુલ્લિગ

(1) **गुजराती में शब्दांते**
આ, -આવ, -પણ और –था:
પૈસા, કપડાં,
વહાવ, ફેલાવ, ચઢાવ,
બાળપણ,
वृद्धावस्था आदि।

(2) **संस्कृत में शब्दांते**
-ત્વ, -ય, -ત और -ન
પશુત્વ, મહત્ત્વ, સત્ત્વ, હિન્દુત્વ

स्त्रीलिंग સ્ત્રીલિંગ

(1) **गुजराती में शब्दांते**
-આઈ, -ઈ, -વટ और –હટ :
સફાઈ, ઊંચાઈ, નીચાઈ
ચકલી, બેટી, ખાટલી
બનાવટ, લિખાવટ, સજાવટ,
ચિકણાહટ, आदि।

(2) **संस्कृत में शब्दांते**
-તા, -આ, -ઈ और –ઈ
પશુતા, મહત્તા, સત્તા, આવશ્યકતા,
માળા
સૌંદર્ય, કાર્ય, માધુર્ય, ચરિત્ર

શોભા, દયા, ઇચ્છા, મતિ, બુદ્ધિ,વૃદ્ધિ, હાનિ, નદી, સખી, ધરતી आदि।

ગીત, પતન, પાલન, શાસન आदि।

वास्तव में गुजराती भाषा में जेन्डर सीस्टम याने के लिंग तंत्र अति परिवर्तनशील है। यहां पर कुछ निश्चित नियम है, जो संज्ञा की जाति तय करते है। लेकिन कोई भी नियम अंतिम नहीं है। यहां अनेक अपवाद है, यह बात गुजराती न बोलने वाले लोगो को याद रखने जैसी है। यद्यपि, उससे चिंता करने की कोई जरूर नहीं है। गुजराती सीखने वाले के लिए डिक्शनरी का उपयोग करना चाहिए तथा सही तरीके से बोलने में आती गुजराती सुननी चाहिए। उचित दिशा में महेनत करने से इस पर आप निश्चित ही प्रगति कर सकते है।

टिप्पणी

1. गुजराती में कज़ीन शब्द के लिये अलग-अलग शब्द इस प्रकार है :

(i) મામેરો ભાઈ. ફુફેરો ભાઈ. મૌસેરો ભાઈ.

(ii) મામેરી બહેન. ફુફેરી બહેન.

गुजराती में इन शब्दो को अलग-अलग रिश्तों के लिये प्रयोग किया जाता है।

2. अंग्रेजी शब्द अंकल के लिये भी गुजराती में अलग-अलग इतने शब्द है :

મામા, ફૂઆ, માસા, કાકા.

और आन्टी के लिये यह शब्द है :

મામી, ફોઈ, માસી, કાકી.

गुजराती में इन शब्दो को अलग-अलग रिश्तों के लिये प्रयोग किया जाता है।

3. अंग्रेजी में अंकल शब्द पिताजी के भाई, जो पिताजी से छोटे या बडे हो उनके लिये प्रयोग किया जाता है लेकिन, गुजराती में दोनो के लिए अलग-अलग शब्द है। पिताजी के बडे भाई के लिये મોટા બાપા और छोटे भाई के लिये કાકા शब्द प्रयोग किया जाता है।

नौवीं सीढ़ी -૯મું પગથિયું

वचन
વચન

अंग्रेजी तथा अन्य अनेक भाषा की तरह गुजराती में भी वचन (नंबर) के दो प्रकार है : - (i) एकवचन (એકવચન) और (ii) बहुवचन (બહુવચન)। गुजराती में संस्कृत की तरह द्विवचन (દ્વિવચન) का समावेश नहीं है। सभी संज्ञा, सर्वनाम, क्रिया के समावेश इन्ही दो वचन में ही होता है।

सभी संज्ञाओ का उसकी जाति के अनुरूप उसके रूप में वचन के साथ परिवर्तन होता है।

जब हम वचन का विचार करते है, तब उसके साथ शब्द के स्त्रीलिंग या पुल्लिंग होने के विषय पर भी अलग से विचार कर लेना जरूरी है। **नीचे दर्शाये गये शब्द को देखें. यहां आपको ज्ञात होगा के शब्द की केटेगरी के हिसाब से उनके रूप परिवर्तित होते है।**

(i) पुल्लिंग ***પુલ્લિંગ***	*(ii)* स्त्रीलिंग ***સ્ત્રીલિંગ***
फल (ફળ) अ– છેલ્લો શબ્દ	आंख (આંખ) अ– છેલ્લો શબ્દ
राजा (રાજા) आ– છેલ્લો શબ્દ	माता (માતા) आ– છેલ્લો શબ્દ
मुनि (મુનિ) इ– છેલ્લો શબ્દ	तिथि (તિથિ) इ– છેલ્લો શબ્દ
सुधी (સુધી) ई– છેલ્લો શબ્દ	नदी (નદી) ई– છેલ્લો શબ્દ
साधु (સાધુ) उ– છેલ્લો શબ્દ	वस्तु (વસ્તુ) उ– છેલ્લો શબ્દ
	बहू (વહૂ) उ– છેલ્લો શબ્દ
	गौ (ગૌ) औ– છેલ્લો શબ્દ

(i) ફળ, રાજા, મુનિ, સુધી और સાધુ पुल्लिंग संज्ञा है।

(ii) આંખ, માતા, તિથિ, નદી, વસ્તુ, વહૂ और ગૌ स्त्रीलिंग संज्ञा है।

ફળ और આંખ અ– अंत्याक्षर, રાજા और માતા આ–अंत्याक्षर. यह सब अंत्यानुस्वर में समान है। लेकिन उल्लेखनीय है के, ફળ और આંખ, રાજા और માતા, મુનિ और તિથિ, आदि में समान नहीं है।

नियमो के हिसाब से स्त्रीलिंग और पुल्लिंग की संज्ञा बहुवचन के रूपो में समान रहती है। इसे आप नीचे दिये गये कोष्टक के समज सकोगे।

पुल्लिंग संज्ञा પુલ્લિંગ સંજ્ઞા

एकवचन	बहुवचन	अनुग के साथ एकवचन	अनुग के साथ बहुवचन

ફળ	ફળ	ફળે	ફળોએ
રાજા	રાજા	રાજાએ	રાજાઓએ
મુનિ	મુનિ	મુનિએ	મુનિઓએ
સુધી	સુધી	સુધીએ	સુધીઓએ
સાધુ	સાધુ	સાધુએ	સાધુઓએ

स्त्रीलिंग संज्ञा સ્ત્રીલિંગ સંજ્ઞા

एकवचन	बहुवचन	अनुग के साथ एकवचन	अनुग के साथ बहुवचन
આંખ	આંખો	આંખે	આંખોએ
માતા	માતાઓ	માતાએ	માતાઓએ
તિથિ	તિથિઓ	તિથિએ	તિથિઓએ
નદી	નદીઓ	નદીએ	નદીઓએ
વસ્તુ	વસ્તુઓ	વસ્તુએ	વસ્તુઓએ
વહૂ	વહૂઓ	વહૂએ	વહૂઓએ

स्त्रीलिंग संज्ञा पुल्लिंग संज्ञा से वचनानुसार अलग हो सकती है।

दोनो जाति में एकवचन और बहुवचन के रूपो यहां समान देख सकोगे।

पुल्लिंग *પુલ્લિંગ*		स्त्रीलिंग *સ્ત્રીલિંગ*	
(अ)		**(-अ)**	
एकवचन	**बहुवचन**	**एकवचन**	**बहुवचन**
दिन (દિવસ)	दिन (દિવસો)	रात (રાત્રિ)	रातें (રાત્રિઓ)
नारियल (નારિયેળ)	नारियल (નારિયેળો)	तलवार (તલવાર)	तलवारें (તલવારો)
कागज (કાગળ)	कागज (કાગળો)	किताब (પુસ્તક)	किताबें (પુસ્તકો)
काम (કામ)	काम (કામો)	बहन (બહેન)	बहनें (બહેનો)
आम (કેરી)	आम(કેરીઓ)	भूल (ભૂલ)	भूलें (ભૂલો)
घर (ઘર)	घर (ઘરો)	बात (વાત)	बातें (વાતો)
(-आ)		**(-आ)**	
बच्चा (બાળક)	बच्चे(બાળકો)	कक्षा (ક્લાસ)	कक्षाएं (ક્લાસીસ)
पत्ता (પાંદડું)	पत्ते (પાંદડાઓ)	आज्ञा (આજ્ઞા)	आज्ञाएं (આજ્ઞાઓ)
कपड़ा (કપડું)	कपड़े (કપડાં)	हवा (હવા)	हवाएं (હવાઓ)
कमरा (રૂમ)	कमरे (રૂમો)	संख्या (સંખ્યા)	संख्याएं (સંખ્યાઓ)
कौआ (કાગડો)	कौए (કાગડાઓ)	चिड़िया (પક્ષી)	चिड़ियों (પક્ષીઓ)
मामा (મામા)	मामा (મામાઓ)	चाची (કાકી)	चाचियां (કાકીઓ)

एकवचन	बहुवचन	एकवचन	बहुवचन
पति (પતિ)	पति (પતિઓ)	पंक्ति (લાઇન)	पंक्तियां (લાઇનો)
आदमी (માણસ)	आदमी (માણસો)	पत्नी (પત્ની)	पत्नियां (પત્નીઓ)
हाथी (હાથી)	हाथी (હાથીઓ)	लड़की (છોકરી)	लड़कियां (છોકરીઓ)
साथी (સાથી)	साथी (સાથીઓ)	बच्ची (બાળકી)	बच्चियां (બાળકીઓ)
भाई (ભાઈ)	भाई (ભાઈઓ)	लकड़ी (લાકડી)	लकड़ियां (લાકડીઓ)
नाई (હજામ)	नाई (હજામો)	खिड़की (બારી)	खिड़कियां (બારીઓ)
पानी (પાણી)	पानी (પાણીઓ)	चिट्ठी (ચિઠ્ઠી)	चिट्ठियां (ચિઠ્ઠીઓ)
साधु (સાધુ)	साधु (સાધુઓ)	बुढ़िया (વૃદ્ધા)	बुढ़िया (વૃદ્ધાઓ)
डाकू (ડાકૂ)	डाकू (ડાકૂઓ)	वधू (વહૂ)	वधुएं (વહૂઓ)

टिप्पणी

1. कुछ संस्कृत पुल्लिंग नाम, जो आकारांत होते है। उनके बहुवचन में तबदिली नहीं होती, जैसे – - **આ.**

एकवचन	बहुवचन
नेता (નેતા)	**नेता (નેતાઓ)**
श्रोता (શ્રોતા)	**श्रोता (શ્રોતાગણ)**
वक्ता (વક્તા)	**वक्ता (વક્તાઓ)**

लेकिन, ज्यादातर उनका बहुवचन बनाने के लिए इन शब्दो में **'गण' (ગણ)** शब्द लगता है। यहां उल्लेखनीय है के, **गण (ગણ)** शब्द से अनेक व्यक्तिओ का सूचन होता है। जैसे- **નેતાગણ, શ્રોતાગણ** आदि।

यही नियम **પાઠકગણ, દર્શકગણ, વિદ્યાર્થીગણ** में भी लागू हौता है ।

2. **પ્રાણ, દર્શન, આંસૂ, કેશ** जैसे शब्द हंमेशा बहुवचन में ही लिखे जाते है । उदा., **અમારા પ્રાણ, તમારા દર્શન, દુઃખીઓના આંસૂ, નારીઓના કેશ** आदि ।

दसवीं सीढ़ी - દસમું પગથિયું

कारक एवं संज्ञा-शब्दों के रूप
કારક અને સંજ્ઞા-શબ્દોના રૂપ

कारक - કારક (વિભક્તિ)

गुजराती भाषा में अलग-अलग पदस्थिति दर्शाने के लिये आठ વિભક્તિઓ (विभक्तियां) है । अंग्रेजी भाषा की तरह गुजराती में भी संबंधित अनुगो का प्रयोग होता है । વિભક્તિ विभक्ति (कारक) उसके अनुग और उसके प्रयोग इस प्रकार है :

	विभक्ति (कारक)	अनुग	प्रयोग
1.	कर्त्ता **કર્તા**	X, ने	राम, राम ने
2.	कर्म **કર્મ**	को, to	राम को
3.	कारण **કારણ**	से, के द्वारा, **થી, ના દ્વારા**	राम से, राम के द्वारा
4.	सम्प्रदान **સંપ્રદાન**	को, के लिए	राम को, राम के लिए
5.	अपादान **અપાદાન**	से (जुदाई)	राम से

6. संबंध **સંબંધ**	का, के, की,	राम का, राम के, राम की
7. अधिकरण **અધિકરણ**	में, पर, से ीपर, के **માં, પર, થી ઉપર, ના**	राम में, राम पर, राम से उपर, राम के ीपर
8. संबोधन **સંબોધન**	अरे, अरी, हे, री	हे राम!

अब नीचे बताये गये मुहावरों के वाक्यो पर से कारक (विभक्ति) और उसके अनुगो का प्रयोग आप क्रमानुसार समज सकते हो :

1. कर्ता कारक (કર્તા કારક)

(i) राम आया। — રામ આવ્યો.

(ii) राम ने कहा। — રામે કહ્યું.

यह याद रखना जरूरी है के, भूतकाल के रूप में अनुग 'ने' ज्यादातर कर्ता कारक के अकर्मक क्रियापद के साथ आता है।

2. कर्म कारक (કર્મ કારક)

(i) इस पुस्तक को ले जाओ। — આ પુસ્તકને લઈ જાઓ.

(ii) राम को मेहनत करनी चाहिए। — રામે મહેનત કરવી જોઈએ.

3. करण कारक (કરણ કારક)

(i) अपने हाथ से यहां दस्तखत कीजिए। — પોતાના હાથથી અહીંયા સહી કરો.

(ii) यह अमित के द्वारा लिखा गया है। — આ અમિતથી લખાયેલું છે.

4. संप्रदान कारक (સંપ્રદાન કારક)

(i) आभा को यह पुस्तक दो। — આભાને આ પુસ્તક આપો.

(ii) मां के लिए एक कप दूध लाओ। — માં માટે એક કપ દૂધ લાવો.

5. कर्म कारक (કર્મ કારક)

(i) पेड़ से पत्ता गिरता है। — ઝાડ પરથી પાન પડે છે.

(ii) मैं आश्रम से आ रहा हूं। — હું આશ્રમથી આવી રહ્યો છું.

6. अपादान कारक (અપાદન કારક)

(i) विकास राखी का भाई है। — વિકાસ રાખીનો ભાઈ છે.

(ii) मैं आगरा के किले में गया। — હું આગરાના કિલ્લામાં ગયો.

(iii) लक्ष्मी बाई झांसी की रानी थीं। — લક્ષ્મી બાઈ ઝાંસીની રાણી હતી.

7. अधिकरण कारक (અધિકરણ કારક)

(i) हम कमरे में बैठे हैं। — અમે રૂમમાં બેઠા છીએ.

(ii) मेज पर पुस्तक पड़ी है। टेબલ પર પુસ્તક પડી છે.

8. संबोधन कारक (સંબોધન કારક)

(i) हे भगवान! मेरी रक्षा करो। હે ભગવાન! મારી રક્ષા કરો.

(ii) ऐ बच्चो! भाग जाओ। એ બાળક! ભાગી જાવ.

(iii) अरी लड़की! इधर आ। અરે છોકરી! અહીં આવ.

संज्ञाशब्दों की रूपावली - સંજ્ઞાશબ્દોની રૂપાવલી

संज्ञा के रूपो में परिवर्तन का आधार उसके अंत्याक्षर तथा जाति पर निर्धारित है। गुजराती में सभी नाम स्वर के साथ अंत होते है। इस प्रकार के संज्ञा रूप परिवर्तन के दो उदाहरण यहां बताये गये है :

पुल्लिंग शब्द 'लड़का' છોકરો (आकारांत)

(आकारांत पुल्लिंग) (આકારાંત પુલ્લિંગ)

कारक	एकवचन	बहुवचन
1. कर्ता	છોકરો/છોકરાએ	છાકરાં/છોકરાઓએ
2. कर्म	છોકરાને	છોકરાઓએ
3. कारक	છોકરાથી/છોકરા દ્વારા	છોકરાઓથી/ના દ્વારા
4. संप्रदान	છોકરાને/ છોકરા માટે	છોકરાઓને/ના માટે
5. अपादान	છોકરાથી	છોકરાઓથી
6. संबंध	છોકરાનું/ને/ની	છોકરાઓનું/ને/ની
7. अधिकरण	છોકરામાં/પર	છોકરાઓમાં/પર
8. संबोधन	એ છોકરા!	એ છોકરાઓ!

सभी आकारांत पुल्लिंग संज्ञा છોકરો, ઘોડો, ઓરડો, ચામડું, વાછરડું, બાળક, ગમલું की तरह समान अंत्य रूप रखते है।

कुछ अन्य संज्ञा की सांकेतिक रूपावली :

विभक्ति (कारक) को दो भाग में बांटा गया है (१) सरल और (२) तीर्यक। सरल विभक्ति बिना अनुग के होते है, जबकि तीर्यक विभक्ति ज्यादातर अनुग के साथ होती है।

1. पुल्लिंग 'बालक' शब्द अ–अकारांत : एकवचन એકવચન

सरल : कर्ता विभक्ति : બાળક

तीर्यक : तमाम विभक्ति : બાળકે/ને/થી/ના માટે/થી/નું/માં/ઓ બાળક!

बहुवचन બહુવચન

सरल : कर्ता विभक्ति : બાળકો

तीर्यक : तमाम विभक्ति : બાળકોએ/ને/થી/કે માટે/થી/નું/માં/ઓ બાળકો!

2. पुल्लिग ઇ– इकारांत, ઈ– ईकारांत ઉ– उकारांत ઊ– ऊकारांत :

	एकवचन	बिना अनुग के बहुवचन	अनुग के साथ बहुवचन
ઇ– ઇકારાંત	મુનિ	મુનિ	મુનીઓએ/ને/થી आदि ।
ઈ– ઈકારાંત	હાથી	હાથી	હાથીઓએ/ને/થી आदि ।
ઉ– ઉકારાંત	સાધુ	સાધુ	સાધુઓએ/ને/થી आदि ।
ઊ– ઊકારાંત	ડાકૂ	ડાકૂ	ડાકૂઓએ/ને/થી आदि ।

आकारांत शब्द (i) चाचा आदि, संबंद दर्शाते है और (ii) स्वतंत्र शब्द राजा आदि संस्कृत शब्दो के रूपो अलग-अलग प्रकार से नीचे दर्शाये गये उदाहरणानुसार बदलते है :

(i)	કાકા	કાકા	કાકાઓએ/ને/થી आदि
(ii)	રાજા	રાજા	રાજાઓએ/ને/થી आदि
(i)	મામા	મામા	મામાઓએ/ને/થી आदि
(ii)	દેવતા	દેવતા	દેવતાઓએ/ને/થી आदि

स्त्रीलिंग शब्द 'लड़की' છોકરી (ईकारांत)

(स्त्रीલિંગ શબ્દ लड़की, ઇકારાંત)

कारक	एकवचन	बहुवचन
1.	છોકરી/છોકરીએ	છોકરીઓ/છોકરીઓએ
2.	છોકરીને	છોકરીઓને
3.	છોકરીથી/ દ્વારા	છોકરીઓથી/ દ્વારા
4.	છોકરી માટે	છોકરીઓ માટે
5.	છોકરીથી	છોકરીઓથી
6.	છોકરીનું/ના/ની	છોકરીઓનું/ના/ની
7.	છોકરીમાં/પર	છોકરીઓમાં/પર
8.	ઓ છોકરી!	ઓ છોકરીઓ!

ज्यादातर की स्त्रीलिंग संज्ञा છોકરી शब्द की तरह इकारांत होती है । कुछ उदाहरण - શ્રીમતી, નદી, રોટલી, ધોતી, નારી.

स्त्रीलिंग અ, આ, ઇ, ઈ, ઉ, ઊ, ઔ– से अंत होती संज्ञा ।

	एक वचन	बिना अनुग के बहुवचन	अनुग के साथ बहुवचन
अ– अकारांत	રાત	રાત્રિઓ	રાત્રિઓએ/ને/થી आदि
आ– आकारांत	છાત્રા	છાત્રાઓ	છાત્રાઓની/પર आदि
इ– इकारांत	જાતિ	જાતિઓ	જાતિઓના/ની आदि
ई– ईकारांत	જિંદગી	જિંદગીઓ	જિંદગીઓ માટે/માં आदि
उ– उकारांत	વસ્તુ	વસ્તુઓ	વસ્તુઓને/થી आदि
ऊ– ऊकारांत	ઊંટ	ઊંટો	ઊંટોથી/પર/ના માટે आदि
औ– औकारांत	ઔષધ	ઔષધિઓ	ઔષધિઓથી/પર/ના માટે

आदि।

टिप्पणी

1. अंग्रेजी भाषा में पूर्वग (प्रि-पोज़िसन) का प्रबंध है लेकिन, गुजराती अनुग (पोस्ट-पोज़िसन) का ही प्रबंध है। उदा., पद **'ઑન ધી રોડ'**का गुजराती अनुवाद **'રસ્તા પર'**– होगा। लेकिन अंग्रेजी में ओन शब्द पूर्वग (प्रि-पोज़िसन) हे। क्योंकि, वह संज्ञा के बाद आता है। **'પર'** अनुग का प्रयोग भूतकाल के रूप में होता है तब उसके साथ का क्रियापद अकर्मक होता है।
2. कारक के दो प्रकार है (१) सरल और (२) तीर्यक।

   पुल्लिंग (**પુલ્લિંગ**) सरल : **लड़का** **लड़के**

   तीर्यक **लड़के ने** **लड़कों ने**

   स्त्रीलिंग (**સ્ત્રીલિંગ**) सरल : **नदी**
   नदियां
3. **ने** अनुग का प्रयोग भूतकाल के रूप में होता है तब उसके साथ का क्रियापद अकर्मक होता है।

भाग-२ : शब्द

ग्यारहवीं सीढ़ी- ૧૧મું પગથિયું

सर्वनाम
સર્વનામ

नाम की जगह प्रयोग हो वह सर्वनाम (સર્વનામ).वास्तव में सर्वनाम संज्ञा का प्रतिनिधित्व करता है। गुजराती में संज्ञा के छः प्रकार है।

(1) પુરુષવાચક पुरुषवाचक : હું (मैं), તૂ (तुम), તે (वह), તમે (આદરસૂચક आदरसूचक)

(2) નિશ્ચયવાચક निश्चयवाचक : આ (यह), તે (वह)

(3) અનિશ્ચયવાચક अनिश्चयवाचक : કોઈ (कोई), થોડું (कुछ)

(4) પ્રશ્નવાચક प्रश्नवाचक : કોણ (कौन), શું (क्या)

(5) સંબંધવાચક संबंधवाचक : જો, કયું (जो)

(6) નિજવાચક निजवाचक : ખુદ, સ્વયં (स्वयं) सभी व्यक्ति के लिए

(સંબોધન વિભક્તિ) संबोधन कारक

गुजराती व्याकरण में तीन પુરુષ (पुरुष) है :

(i) પ્રથમ પુરુષ उत्तम पुरुष —હું, અમે

(ii) બીજો પુરુષ मध्यम पुरुष —તૂ, તમે (आदरसूचक)

(iii) ત્રીજો પુરુષ अन्य पुरुष —તે, તેઓ

સર્વનામ શબ્દોની રૂપાવલી सर्वनाम शब्दों की रूपावली

હું (मैं) *પ્રથમ પુરુષ* (उत्तम पुरुष)

(i) મેં - અમે/અમે

(ii) મને/અમને

(iii) મારાથી-અમારાથી

(v) મારાથી- અમારાથી

(vi) મારું/મારા/મારી-અમારું/અમારા/અમારી

(vii) મારામાં/મારા પર- અમારામાં/અમારા પર

(iv) મને/મારા માટે -
અમને/અમારા માટે

तू (તૂ) બીજો પુરુષ (मध्यम पुरुष)

(i) તૂ/તેં -
(ii) તને
(iii) તારાથી/તારા દ્વારા- તમારાથી/તમારા દ્વારા
(iv) તને/તારા માટે-
તમને/તમારા માટે
(v) તારાથી-તમારાથી
(vi) તારું/તારો/તારી-તમારું/તમારો/તમારી
(vii) તારામાં/તારા પર- તમારામાં/તમારા પર

તે/તેણીની/(वह) ત્રીજો પુરુષ (अन्य पुरुष)

(i) તે/એણે- તેમણે/તેઓએ
(ii) એનાથી/એને- એમને/એમણે
(iii) એનાથી/એના દ્વારા- એમનાથી/એમના દ્વારા
(iv) એને/એના માટે- એમને/એમના માટે
(v) એનાથી-એમનાથી
(vi) એનું/એના/એની- એમનું/એમના/એમની
(vii) એમાં/એના પર- એમના પર

(તમે-આદરસૂચક) બીજો પુરુષ आप आदरसूचक (मध्यम पुरुष)

एकवचन— 1. તમે, 2. તમને 3. તમારાથી 4. ના માટે, 5. થી, 6. નું/ને/ની, 7. માં (પર).

बहुवचन— 1. તમારા લોકોનું/તમે લોકોએ, 2. તમને લોકોને 3. તમારા લોકોથી 4. તમને લોકોને/તમારા લોકો માટે, 5. તમારા લોકોથી, 6. તમારા લોકોનું/ની, 7. તમારા લોકોમાં/તમારા લોકો પર.

आईए, कुछ सर्वनामो का प्रयोग निम्नलिखित वाक्यो से जानते है :
(આવો, કેટલાંક સર્વનામોનો ઉપયોગ નીચેના વાક્યોથી જાણીએ :)

1. मैं इस बारे में कुछ नहीं जानता। — હું આ વાતમાં કશું નથી જાણતો.
2. हम वहां नहीं जाना चाहते। — અમે ત્યાં જવા નથી ઇચ્છતા.
3. वह अब क्या करेगा? — તે હવે શું કરશે?
4. यह बिल्कुल ठीक है। — આ બિલકુલ ઠીક છે.
5. आप पूना में कहां ठहरेंगे? — તમે પૂનામાં ક્યાં રહેશો?
6. मैं आप वहीं उपस्थित था। — હું પોતે ત્યાં ઉપસ્થિત હતો.
7. कोई आने वाला है। — કોઈ આવવાનું છે.
8. ऐसा कौन कहता है? — એવું કોણ કહે છે?

9. अब आपको क्या चाहिए?	હવે તમને શું જોઈએ?
10. कुछ फल खा लो।	કોઈ ફળ ખાઈ લો.

टिप्पणी

सर्वनाम **આપ, તમે** और **तू** में अलग-अलग प्रकार के मानवाचक अर्थ दर्शाते है।

આપ संबोधन वयोवृद्ध या बुज़ुर्ग व्यक्तिओ के लिये होता है और वह अन्य पुरुष बहुवचन की तरह एक व्यक्ति होने के बावजुद बहुवचन प्रकार के रूप में भी प्रयोग होता है। शब्द कोई संबंधी या मित्र के लिये प्रयोग किया जाता है और उसमें भी वह किसी एक व्यक्ति के लिए प्रयोग होने के बावजुद बहुवचन का भाव रखता है।

तू संबोधन ज्यादातर घृणा की भावना व्यक्त करने के लिए प्रयोग किया जाता है। लेकिन दूसरी तरफ सच्चा प्रेम दर्शाने के लिए भी उसका प्रयोग होता है। यह ईश्वर को संबोधन करने के लिये भी प्रयोग किया जाता है।

ग्यारहवीं सीढ़ी- ૧૨મું પગથિયું

विशेषण
વિશેષણ

नाम अथवा सर्वनाम के गुण दर्शाने के लिए प्रयोजाता शब्द याने विशेषण (વિશેષણ)। गुजराती में विशेषण चार प्रकार के है :

(1)	ગુણવાચક	गुणवाचक
(2)	સંખ્યાવાચક	संख्यावाचक
(3)	પરિણામવાચક	परिमाणवाचक
(4)	સાર્વનામિક	सार्वनामिक

आईए, कुछ वाक्यो के माध्यम से विशेषण का प्रयोग देखे :

(i)	ગૌરવ સારો છોકરો છે.	गौरव अच्छा लड़का है।
(ii)	વેદ ચાર છે.	वेद चार हैं।
(iii)	પાંચ લીટર દૂધ લાવો.	पांच लीटर दूध लाओ।
(iv)	આ ચોપડી મારી છે.	यह पुस्तक मेरी है।

'સારો છોકરો', 'વેદ ચાર', 'પાંચ લીટર દૂધ' और 'આ ચોપડી'–इन पदो में क्रमानुसार સારો ચાર, પાંચ और આ वह ગુણવાચક, સંખ્યાવાચક, પરિણામવાચક और સાર્વનામિક विशेषण है।

गुजराती में इनफ्लेक्टिव और अनइनफ्लेक्टिव ऐसे दो प्रकार के विशेषण होते है :

(i) આ - आकारांत विशेषण इनफ्लेक्टिव होते है । આ आकारांत शब्द पुरुष वाचक एकवचन हो, तब वह 'એ' बन जाते है । जबकि स्त्रीलिंग शब्द एकवचन और बहुवचन में आकारांत में से इकारांत बन जाते है । उदाहरणार्थ :

एकवचन	अच्छा बच्चा	अच्छे बच्चे
बहुवचन	अच्छी बच्ची	अच्छी बच्चियां

(ii) अन्य स्वर में आने वाले आकारांत विशेषण भी इनफ्लेक्टिव है । लेकिन उसके रूप में कोई परिवर्तन नहीं होता ।

एकवचन	सुंदर बालक	सुंदर बालक
बहुवचन	सुंदर बालिका	सुंदर बालिकाएं

विशेषण की तुलनावस्था વિશેષણની તુલનાવસ્થા

1. સોનિયા લાંબી છે.
2. આભા સોનિયા કરતાં લાંબી છે.
3. મીનાક્ષી સૌથી લાંબી છે.

उपर के वाक्यो से ज्ञात होता है के, 'લાંબી' शब्द से डिग्री का निर्देश होता है । विशेषण की तीन डिग्री है : તુલનાત્મક (કંપેરેટીવ) तुलनात्मक डिग्रीओं को दर्शाने के लिये गुजराती में कोई विशेष रूप व्यवस्था नहीं है, लेकिन कुछ विशेषणो में संस्कृत डिग्री के आधार पर निश्चित प्रकार के रूप देखने को मिलते है, जैसे –

विधायक	**तुलनात्मक**	**सर्वोच्चतादर्शक**
ઉચ્ચ	ઉચ્ચતર	ઉચ્ચતમ
નિમ્ન	નિમ્નતર	નિમ્નતમ
સરળ	સરળતર	સરળતમ
લઘુ	લઘુતર	લઘુતમ
અધિક	અધિકતર	અધિકતમ
દીર્ઘ	દીર્ઘતર	દીર્ઘતમ
શ્રેષ્ઠ	શ્રેષ્ઠતર	શ્રેષ્ઠતમ
નિકટ	નિકટતર	નિકટતમ
પ્રિય	પ્રિયતર	પ્રિયતમ
નવીન	નવીનતર	નવીનતમ

कुछ विशेषण निम्नलिखित स्तंभ में दर्शाये गये है :

गुणवाचक	संख्यावाचक	परिमाणवाचक	सर्वनामिक
नया	दस	दस (किलो)	यह (पेन)
(નવું)	(દસ)	દસ (કિલો)	આ (પેન)
दैनिक	आधा	सारा (धन)	वह (गौ)
(દૈનિક)	(અડધું)	બધું (ધન)	તે (ગાય)
सुंदर	चौथा	कुछ (दूध)	जो (कुत्ता)
(સુંદર)	(ચોથું)	થોડું (દૂધ)	એ (કુતરો)
स्वस्थ	दुगुना	दो (मीटर)	वो (पुस्तक)
(સ્વસ્થ)	(બમણું)	બે (મીટર)	એ (પુસ્તક)
काला	अकेला	और (घी)	कौन (बालक)
(કાળું)	(એકલો)	વધારે (ઘી)	કયો (છોકરો)
अच्छा	कुछ	सारा (पानी)	उस (घर में)
(સારું)	(થોડું)	બધું(પાણી)	એ (ઘરમાં)

विशेषणों की रचना વિશેષણોની રચના (સંજ્ઞાથી)

(i) गुजराती नामो में – શાળી शब्द का प्रयोग –

બળ	બળશાળી	પ્રતિભા	પ્રતિભાશાળી
શક્તિ	શક્તિશાળી	ભાગ્ય	ભાગ્યશાળી

(ii) गुजराती नामो में – વાન या ભાન शब्द का प्रयोग –

ધન	ધનવાન	ગુણ	ગુણવાન
શ્રી	શ્રીમાન	બુદ્ધિ	બુદ્ધિમાન

(iii) गुजराती नामो में - ઈક शब्द का प्रयोग -

રાજનીતિ	રાજનૈતિક	નીતિ	નૈતિક
માસ	માસિક	ઉદ્યોગ	ઔદ્યોગિક
ઈતિહાસ	ઐતિહાસિક	ભૂગોળ	ભોગોલિક
દિવસ	દૈનિક	સેના	સૈનિક

(iv) गुजराती नामो में – ઈત शब्द का प्रयोग –

સંબંધ	સંબંધિત	આનંદ	આનંદિત
સન્માન	સન્માનિત	શિક્ષા	શિક્ષિત

(v) गुजराती नामो में - ઈય शब्द का प्रयोग -

પર્વત	પર્વતીય	રાષ્ટ્ર	રાષ્ટ્રીય
ભારત	ભારતીય	વિભાગ	વિભાગીય

(vi) गुजराती नामो में - ઈ शब्द का प्रयोग -

જંગલ	જંગલી	સુખ	સુખી
સંન્યાસ	સંન્યાસી	દેશ	દેશી
પરદેશ	પરદેશી	લોભ	લોભી

(v) गुजराती नामो में - ઈલું शब्द का प्रयोग -

ચમક	ચમકીલું	ઢીલ	ઢીલું
ભડક	ભડકીલું	જોશ	જોશીલું

टिप्पणी

1. (i) सामान्यतः परिमाणवाचक विशेषणो में आत्यंतिकता दर्शाने के लिए या भार दर्शाने के लिऐ – **'જ'** शब्द का प्रयोग होता है। उदा., — **ખૂબ જ, થોડું જ** आदि।

(ii) कभी-कभी अति अल्पता दर्शाने के लिए भी — **'એવી'** शब्द प्रयोग किया जाता है। उदा., — **નાની એવી ઢીંગલી, નાની એવી જગ્યા.**

(iii) **-જેવું** कभी-कभी अन्य प्रकार जैसा या तो अन्य के समान जैसा दर्शाने के लिये भी प्रयोग किया जाता है।

(a) अन्य प्रकार जैसा-

કાળા જેવું **काला-सा** | પીળા જેવું **पीला-सा**
મોટા જેવું **मोटा-सा** | પાતળા જેવું **पतला-सा**

(b) अन्य के समान जैसा -

એક જેવું **एक-सा** | તારા જેવું **तुम-सा**
એના જેવું **उस-सा** | મારા જેવું **मुझ-सा**
એના જેવું **उस-सा** | આપણાં જેવો **हम-सा**

तेरहवीं सीढ़ी - ૧૩મું પગથિયું

क्रिया

ક્રિયા

क्रिया (ક્રિયા) गा क्रियापद व्यक्ति, स्थान या वस्तु के कार्य का निर्देश करते है।

क्रिया सामान्यतः दो प्रकार की होती है : (१) सकर्मक क्रिया (२) अकर्मक क्रिया।

(i) सकर्मक क्रिया સકર્મક ક્રિયા (जिस में वस्तु (चीज़-ऑब्जेक्ट) द्वारा होती क्रिया दर्शाई जाती है वह सकर्मक क्रिया है।) उदा.,— મીનાક્ષી કાર્ય કરે છે। यहां કરે છે वह सकर्मक क्रिया है। क्योंकि, उसका કાર્ય हो रहा है ऐसा भाव है।

(ii) अकर्मक क्रिया અકર્મક ક્રિયા (अकर्मक क्रिया याने ऐसी क्रिया जिनमें वस्तु-ऑब्जेक्टिव या कार्य जरूरी नहीं है। वह शब्द खुद ही अर्थ में पूर्ण है।) उदा., - પૂજા ચાલે છે यहां ચાલે છે अकर्मक क्रिया है। क्योंकि, यहां कार्य अथवा ऑब्जेक्ट नहीं है।

यहां कुछ सकर्मक तथा अकर्मक क्रिया के उदाहरण दिये गये है, जिन्हे याद रखने जैसा है :

1. सकर्मक क्रिया સકર્મક ક્રિયા

करना	કરવું	सुनना	સાંભળવું
पढ़ना	વાંચવું	कहना	કહેવું
लिखना	લખવું	रखना	રાખવું
देखना	જોવું	लेना	લેવું
जानना	જાણવું	देना	આપવું

2. अकर्मक क्रिया અકર્મક ક્રિયા

चलना	ચાલવું	आना	આવવું
रहना	રહેવું	जाना	જવું
उठना	ઊઠવું	होना	થવું
सोना	સૂઈ જવું	गिरना	પડવું
हंसना	હસવું	पहुंचना	પહોંચવું

दोनो क्रिया, अकर्मक और सकर्मक — के सामान्यत: दो विभाग होते है।

(i) सामान्य क्रिया સામાન્ય ક્રિયા

(ii) धातु ધાતુ

(i) सामान्य क्रिया (સામાન્ય ક્રિયા) वह क्रिया का असल रूप है और वह ज्यादातर 'વું' द्वारा अंत होते है। उदा., વાંચવું, રાખવું, ચાલવું, आदि।

(ii) धातु (ધાતુ) वह शब्द का मूल है। शब्द में से 'વું' दूर कर देने से उसका मूल धातु प्राप्त होता है। उदा., રાખ, ચાલ, आदि।

वास्तव में हर एक शब्द को उसके धातुओं की बाबत में और गुजराती में धातु के साथ 'વું' लगाने से उसका सामान्य रूप बनता है।

तो आईए, यहां हम कुछ सामान्य रूपो (सकर्मक और अकर्मक क्रिया) और उसके धातु के विषय में अध्ययन करते है :

સકર્મક ક્રિયા सकर्मक क्रिया

सकर्मक		**धातु**	**अकर्मक**		**धातु**
खरीदना	ખરીદવું	ખરીદ	खाना	ખાવું	ખા
बेचना	વેચવું	વેચ	पीना	પીવું	પી
समझना	સમજવું	સમજ	बोलना	બોલવું	બોલ
धोना	ધોવું	ધો	पकड़ना	પકડવું	પકડ
गाना	ગાવું	ગા	तोड़ना	તોડવું	તોડ

અકર્મક ક્રિયા अकर्मक क्रिया

सकर्मक		**धातु**	**अकर्मक**		**धातु**
ठहरना	રોકાવું	રોકાય	दिखना	દેખાવું	દેખ
डरना	ડરવું	ડર	हंसना	હસવું	હસ
रोना	રોવું	રો	खेलना	રમવું	રમ
मरना	મરવું	મર	लड़ना	લડવું	લડ
निकलना	નિકળવું	નિકળ	होना	હોવું	હો

વિધિ રૂપ विधि रूप

किसी व्यक्ति को हम कुछ कार्य करने के लिए प्रेरणा देते है, विनंती करते है या तो आदेश करते है , तब विधि रूप का प्रयोग होता है ।

निम्नलिखित वाक्यो को ध्यानपूर्वक पढें :

(1)	નિબંધ લખો	निबंध लिखो
	અહીંયા બેસ	यहां बैठ।
	ચા લાવ	चाय ला।
	એને બોલાવ.	उसे बुला।
	પુસ્તક વાંચ	पुस्तक पढ़।
(2)	દૂધ લાવો.	दूध लाओ।
	શાંત રહો.	शांत रहो।
	ગીત ગાઓ.	गीत गाओ
	બારી ખોલો.	खिड़की खोलो।
	કામ કરો.	काम करो।
(3)	કૃપા કરી આવો.	कृपया आइए।
	કૃપા કરી ઘર પર રહો.	कृपया घर पर रहिए।
	કૃપા કરી બહાર જાવ.	कृपया बाहर जाइए।

जूथ (१), (२) और (३) के वाक्यो को ध्यान से देखे । तीनो में आपको सामान्य फर्क की अनुभूति होगी । लेकिन तीनो में एक चीज़ सामान्य है और वह है सबजेक्ट. 'તુ, તમે और આ.પ.' शब्द की अनुपस्थिति ।

(i) તૂ शब्द का संबोधन सामान्यतः नोकर या नीचले वर्ग के व्यक्तिओं के लिये होता है। वह समान कक्षा के व्यक्ति के लिये प्रयोग नहीं होता है।

રામૂ (તૂ) બે કપ ચા લાવ. रामू (तू) दो कप चाय ला।

(ii) તમે संबोधन सामान्यतः दोस्त या समान कक्षा के व्यक्ति के युवानो के लिये प्रयोग होता है। उदा., -

ભાઈ, તૂ આજે વિદ્યાલય કેમ ના ગયો? भाई, तुम आज विद्यालय क्यों नहीं गए?

દેવેન્દ્ર, મારા ઘેર અવશ્ય આવજે. देवेन्द्र, मेरे घर अवश्य आना।

(iii) આપ संबोधन सामान्यतः ऊंचे दरजे के व्यक्ति अथवा जिन्हे आप मान देना चाहते है, उन व्यक्तिओ के लिए प्रयोग किया जाता है। उदा.,

ભામાજી, આપ મારી સાથે આવો. मामा जी, आप मेरे साथ आइए।

શ્રીમાન, કૃપા કરી મારી વાત સાંભળો. श्रीमान्, कृपया आप मेरी बात सुनिए।

નહીં, ના शब्द का संबोधन नकारात्मक अर्थ व्यक्त करने के लिये प्रयोग किया जाता है। सामान्यतः यह शब्द क्रियापद के बाद या पहेले प्रयोग किया जाता है। उदा.,

હસો નહીં.	मत हंसो।
રોવો નહીં.	रोओ मत।
અવાજ ના કરો.	शोर मत करो।
ત્યાં ના બેસો.	वहां मत बैठिए।

टिप्पणी

1. **धातु** (ધાતુ) शब्द में 'વું' दूर कर देने से शब्द की मूल धातु प्राप्त होती है। उदा. – सामान्यतः 'ખા' की मूल धातु ખાવું, પી की मूल धातु પીવું है।
2. गुजराती में विधि रूप वाक्य दो प्रकार से बनते है :

(a) सामान्य रूप से

(b) मानवाचक रूप से

(a) सामान्य रूप से विधि रूप वाक्य इस प्रकार लिखा जा सकता है :

(i) सामान्य रूप से वाक्यो में क्रिया के मूल धातु का प्रयोग होता है। उदा.- ખા, વાંચ, લખ आदि। और

(ii) क्रिया के मूल रूपो के साथ **ઓ** स्वर लगाते हुए विधि रूप इस प्रकार बनते है – **ખાઓ, વાંચો, લખો** आदि।

(b) मानवाचक रूप से प्रयोग होने वाली क्रिया में स्वर **'ઓ'** शब्द के मूल रूप के साथ प्रयोग किया जाता है। उदा.- ખાઓ, વાંચો, લખો आदि।

चौदहवीं सीढ़ी - ૧૪મું પગથિયું

काल (1)
કાળ (૧)

કાળ (काल) काल क्रिया का समय दर्शाता है। गुजराती भाषा में काल के मुख्य तीन प्रकार है :

(i) વર્તમાન કાળ — वर्तमान काल

(ii) ભવિષ્ય કાળ — भविष्यत् काल

(iii) ભૂત કાળ — भूत काल

यहां हम एक के बाद एक तीनो काल का अध्ययन करेंगे।

વર્તમાન કાળ वर्तमान काल

वर्तमान काल को तीन भाग में बांटा जा सकता है :

(1) સામાન્ય વર્તમાન — सामान्य वर्तमान

(2) તાત્કાલિક વર્તમાન — तात्कालिक वर्तमान

(3) સંભાવ્ય વર્તમાન — सम्भाव्य वर्तमान

1. સામાન્ય વર્તમાન सामान्य वर्तमान

यहां वर्तमान काल में छुं, छे, छो शब्द के साथ युति दर्शायी गई है।

	पुल्लिंग	अनुवाद	स्त्रीलिंग
प्रथम पुरुष	હું છું.	मैं हूं।	હું છું.
	તૂ છે.	तू है।	તૂ છે.
द्वितीय पुरुष	તમે છો.	तुम हो।	તમે છો.
तृतिय पुरुष	તે છે, તેણીની છે.		वह है। તે છે, તેણીની છે.
	તેઓ છે.	वे हैं।	તેઓ છે.

છુ, છે, છો यह सहायक क्रियापद है। वह मुख्य क्रिया को सहाय करता है।

निम्नलिखित वाक्यो में ભણ (पढ़) क्रियापद के साथ युति को वर्तमान काल में दर्शायी गई है। मूल धातुओ के साथ यहां अनुग -ઉ, -એ -ઓ लगाये गये है।

प्रथम पुरुष	હું વાંચું છું.	मैं गढ़ता/पढ़ती हूं।
	અમે વાંચીએ છીએ.	हम पढ़ते/पढ़ती हैं।

द्वितीय पुरुष	તૂ વાંચે છે.	तू पढ़ता/पढ़ती है।
	તમે વાંચો છે.	तुम पढ़ते/पढ़ती हो।
तृतीय पुरुष	તે વાંચે છે.	वह पढ़ता/पढ़ती है।
	તેઓ વાંચે છે.	वे पढ़ते/पढ़ती हैं।

यहां क्रियापद के संयोजन पद इस प्रकार हो सकते है :

जब वर्तमान काल में निषेधात्मक वाक्यो लिखने हो, तब हम मुख्य क्रियापद के आगे નહીં लगाते है । उदाहरणार्थ –

અમે નથી વાંચતા.	हम नहीं पढ़ते।
તૂ નથી વાંચતો	तू नहीं पढ़ता।
તેઓ નથી વાંચતા	वे नहीं पढ़ते।

2. તાત્કાલિક વર્તમાન तात्कालिक वर्तमान

(રહ્યો, રહ્યા, રહી शब्द क्रियापद के मूल धातु के साथ ઓ अनुसार इस प्रकार लगाये जाते है।)

प्रथम पुरुष	હું ખાઈ રહ્યો/રહી છું.	मैं खा रहा/रही हूं।
	અમે ખાઈ રહ્યાં છીએ.	हम खा रहे/रही हैं।
द्वितीय पुरुष	તૂ ખાઈ રહ્યો/રહી છે.	तू खा रहा/रही है।
	તમે ખાઈ રહ્યાં છો.	तुम खा रहे/रही हो।
तृतीय पुरुष	તે/તેણીની ખાઈ રહ્યો/રહી છે.	वह खा रहा/रही है।
	તેઓ ખાઈ રહ્યાં છે.	वे खा रहे/रही हैं।

स्त्रीलिंग वाले वाक्यो में રહ્યો और રહ્યા -રહી में परिवर्तित होते है ।

3. સંભાવ્ય વર્તમાન संभाव्य वर्तमान

[संभाव्य वर्तमान में मूल क्रियापद को -તા, -તે, -તી लगते है और ઓ का रूप હોઈશ/ હોઈશું/ હશે/હશો आदि पुल्लिग और स्त्रीलिंग में હોઈશ/ હોઈશું/ હશે/હશો आदि बन जाते है ।]

	पुल्लिग	गुजराती	स्त्रीलिंग
प्रथम पुरुष			
एकवचन	मैं जाता हूंगा।	હું જતો હોઈશ.	मैं जाती हूंगी।
बहुवचन	हम जाते होंगे।	અમે જતા હોઈશું	हम जाती होंगी।
द्वितीय पुरुष			
एकवचन	तू जाता होगा।	તૂ જતો હશે.	तू जाती होगी।
बहुवचन	तुम जाते होगे।	તમે જતા હશો.	तुम जाती होगी।

तृतीय पुरुष

एकवचन	वह जाता होगा।	તે જતો હશે.	
		તે જતી હશે.	वह जाती होगी।
बहुवचन	वे जाते होंगे।	તેઓ જતા હશે.	वे जाती होंगी।

स्त्रीलिंगमां -તા, -તे आदि -તી, और -ગા, -ગી आदि –શે बन जाते है।

ભવિષ્ય કાળ भविष्यत् काल

भविष्य काल को दो भाग में बांटा जा सकता है :

(1) સામાન્ય ભવિષ્ય — सामान्य भविष्यत्

(2) સંભાવ્ય ભવિષ્ય — सम्भाव्य भविष्यत्

1. સામાન્ય ભવિષ્ય सामान्य भविष्यत्

(मूल क्रियापद के साथ पुल्लिग शब्द में ઈશ, ઈશું, જે, જો, શે आदि लगते है और स्त्रीलिंग में ઈશ, ઈશું, જે, જો, શે आदि लगते है।)

यहा 'જો' धातु के साथ सामान्य भविष्य के वाक्यो में उपयुक्त अनुगो का संयोजन निर्देश किये गये है :

प्रथम पुरुष –	હું જોઈશ.	मैं देखूंगा/देखूंगी।
	અમે જોઈશું.	हम देखेंगे/देखेगी।
द्वितीय पुरुष –	તૂ જોજે.	तू देखेगा/देखेगी।
	તમે જોજો.	तुम देखोगे/देखोगी।
तृतीय पुरुष –	તે/તેણીની જોશે.	वह देखेगा/देखेंगी।
	તેઓ જોશે.	वे देखेंगे/देखेगी।

2. સંભાવ્ય ભવિષ્ય संभाव्य भविष्यत्

[इस काल में पुरुष और वचन के अनुसार क्रियापद के मूल धातु के साथ -ી, -એ -ઓ की युति होती है।]

'રમ' शब्द को ले कर इस युति को निम्नलिखित दर्शाया गया है :

प्रथम पुरुष -	હું રમું.	मैं खेलूं।
	અમે રમીએ.	हम खेलें।
द्वितीय पुरुष -	તૂ રમ.	तू खेल।
	તમે રમો.	तुम खेलो।
तृतीय पुरुष -	તે રમે.	वह खेले।
	તેઓ રમે.	वे खेलें।

संभाव्य भविष्य काल का अर्थ होता है –भविष्य में संभावना। (ભવિષ્યમાં સંભાવના), इच्छा (ઇચ્છા), सुझाव (સલાહ), उद्देश्य (ઉદ્દેશ્ય), शर्त (શરત), आदि उदाहरण :

(i) ભવિષ્યમાં સંભાવના

कहीं वह आ न जाए। — ક્યાંક તે આવી ન જાય.

(ii) ભવિષ્યમાં ઇચ્છા

अनु से कहो कि किताबें लाए। — અનુથી કહો કે પુસ્તકો લાવે.

(iii) ભવિષ્યમાં સલાહ –

ऐसा क्यों न करें? — એવું કેમ ના કરાય?

(iv) ભવિષ્યમાં ઉદ્દેશ્ય -

तुम एक वैज्ञानिक बनो। — તૂ એક વૈજ્ઞાનિક બન.

(v) ભવિષ્યમાં શરત -

यदि वे आएं तो तुम भी आ जाना। — જો તે આવે,તો તૂ પણ આવી જશે.

टिप्पणी

મેં હમણાં જ તેને પૂરું કર્યું છે. मैंने इसे अभी समाप्त किया है।

अगर अंग्रेजी में इस वाक्य को लिखा जाय, तो वह पूर्ण वर्तमान काल में होगा, किन्तु इस वाक्य को हिन्दी में लिखा जाय, तो वह वर्तमान काल में नहीं गिना जायेगा । हिन्दी में उसे आसन्न भूत कहा जाता है । (जो इस पुस्तक के १५वी सीढी में समजाया गया है ।)

'मैंने इसे अभी समाप्त किया है।' ऐसा हिन्दी में लिखा जाय तो यही वाक्य को गुजराती में इस प्रकार कह सकते है ।

(i) મેં હમણાં જ તેને પૂરું કર્યું છે.

(ii) હું એને હમણાં જ પૂરું કરી ચુક્યો છું.

आप जानते हो के आसन्न भूत की रचना एकवचन में है को लगाकर होती है । जब कि बहुवचन में उसके आगे हैं लगाया जाता है । **સામાન્ય ભૂતકાળ** में **તુ** और **હું,** और **છો** और **છું** जरूर के हिसाब से लगाया जाता है ।

पंद्रहवीं सीढ़ी - ૧૫મું પગથિયું

काल (2)

કાળ (2)

ભૂતકાળ भूतकाल

गुजराती भाषा में भूत काल के छः प्रकार है :

(1) સામાન્ય ભૂતકાળ — सामान्य भूतकाल

(2) આસન્ન ભૂતકાળ — आसन्न भूतकाल

(3)	પૂર્ણ ભૂતકાળ	पूर्ण भूतकाल
(4)	સંદિગ્ધ ભૂતકાળ	संदिग्ध भूतकाल
(5)	તાત્કાલિક ભૂતકાળ	तात्कालिक भूतकाल
(6)	હેતુહેતુમદ્ ભૂતકાળ	हेतुहेतुमद् भूतकाल

(1) સામાન્ય ભૂતકાળ सामान्य भूत

निश्चित स्थिति या असामान्यता के अलावा काल को सामान्य भूतकाल कहा जाता है। इस काल के रूप मूल क्रिया के साथ આ, એ, ઈ लगाने से बनते है।

सकर्मक क्रिया 'કર્યું'

(**सकर्मक क्रिया 'કર્યું'** स्त्रीलिंग-पुल्लिंग)

प्रथम पुरुष	एकवचन	મેં કર્યું.	मैंने किया
	बहुवचन	અમે કર્યું.	हमने किया
द्वितीय पुरुष	एकवचन	તેં કર્યું.	तूने किया
	बहुवचन	તમે કર્યું.	तुमने किया
तृतीय पुरुष	एकवचन	તેં/તેણીએ કર્યું.	उसने किया
	बहुवचन	તેઓએ કર્યું.	उन्होंने किया

अकर्मक क्रिया 'હસ'

(अकर्मक क्रिया **'હસ'** સ્ત્રીલિંગ-પુલ્લિંગ)

प्रथम पुरुष	एकवचन	હું હસ્યો/હસી.	मैं हंसा/हंसी
	बहुवचन	અમે હસ્યાં.	हम हंसे/हंसी
द्वितीय पुरुष	एकवचन	તૂ હસ્યો/હસી.	तू हंसा/हंसी
	बहुवचन	તમે હસ્યાં.	तुम हंसे/हंसी
तृतीय पुरुष	एकवचन	તે હસ્યો/હસી	वह हंसा/हंसी
	बहुवचन	તેઓ હસ્યાં.	वे हंसे/हंसी

(2) આસન્ન ભૂત आसन्न भूत

यह काल ऐसा दर्शाता है के, क्रिया अभी-अभी पूरी हुई है।

उदाहरण -	મેં કર્યું છે.	मैंने किया है
	હું હસ્યો છું.	मैं हंसा हूं

सकर्मक क्रिया 'કર્યું'

(**सकर्मक क्रिया 'કર્યું'** स्त्रीलिंग-पुल्लिंग।)

एकवचन :	મેં/તેં/એણે કર્યું છે.	मैंने/तूने/उसने किया है।
बहुवचन :	અમે/ તમે/એમણે કર્યું છે.	हमने/तुमने/उन्होंने किया है।

अकर्मक क्रिया 'હસ'

(अकर्मक क्रिया **'હસ'** स्त्रीलिंग-पुल्लिंग)

प्रथम पुरुष	एकवचन	मैं हंसा हूं/हंसी हूं
	बहुवचन	हम हंसे हैं/हंसी हैं
द्वितीय पुरुष	एकवचन	तू हंसा है/हंसी है
	बहुवचन	तुम हंसे हो/हंसी हो
तृतीय पुरुष	एकवचन	वह हंसा है/हंसी है
	बहुवचन	वे हंसे हैं/हंसी हैं

(3) પૂર્ણ ભૂત पूर्ण भूत

यह काल दर्शाता है के काफी समय पहेले क्रिया पूर्ण हो चुकी थी।

उदाहरण -	मैंने किया था –	મેં કર્યું હતું.
	मैं हंसा था –	હું હસ્યો હતો.

સકર્મક ક્રિયાપદ 'કર્યું'

(सकर्मक क्रियापद (**કર્યું**) पुल्लिंग-स्त्रीलिंग।)

एकवचन : **મેં/તે/એણે કર્યું હતું.**

बहुवचन : **અમે/તમે/એમણે કર્યું હતું.**

અકર્મક ક્રિયાપદ 'હસવું'

(अकर्मक क्रियापद (**હસવું**) पुल्लिंग-स्त्रीलिंग)

एकवचन : **હું/તૂ/તે-હસ્યો હતો/હસી હતી.**

बहुवचन : **અમે/તમે/તેઓ -હસ્યા હતા/હસી હતી.**

(4) સંદિગ્ધ ભૂત संदिग्ध भूत

इस काल में क्रिया भूत काल में बनी गई है ऐसी संभावना दर्शाती है।

उदाहरण	મેં કર્યું હશે.	मैंने किया होगा
	હું હસ્યો હોઈશ	.मैं हंसा होंगा

સકર્મક ક્રિયાપદ 'કર્યું'

(सकर्मक क्रिया **'કર્યું'** पुल्लिंग-स्त्रीलिंग)

एकवचन : મેં/તે/એણે - કર્યું હશે.

बहुवचन : અમે/તમે/એમણે - કર્યું હશે.

અકર્મક ક્રિયાપદ 'હસવું'

(अकर्मक क्रियापद (**હસવું**) पुल्लिग-स्त्रीलिंग)

	एकवचन :	હું હસ્યો હોઈશ/હસી હોઈશ.
	बहुवचन	અમે હસ્યા હોઈશું.
द्वितीय पुरुष —	एकवचन	તૂ હસ્યો હોઈશ/હસી હશે.
	बहुवचन	તમે હસ્યા હશો.
तृतीय पुरुष —	एकवचन	તે હસ્યો હશે/હસી હશે.
	बहुवचन	તેઓ હસ્યા હશે.

(5) અપૂર્ણ ભૂત अपूर्ण भूत

इस काल में भूत काल में कुछ क्रिया हो रही थी ऐसा दर्शाया जाता है।

उदाहरण -	હું કરી રહ્યો હતો.	मैं कर रहा था
	હું કરતો હતો.	मैं करता था
	હું હસી રહ્યો હતો.	मैं हंस रहा था
	હું હસતો હતો.	मैं हंसता था

સકર્મક ક્રિયાપદ 'કરવું'

(सकर्मक क्रियापद (**કરવું**) पुल्लिंग-स्त्रीलिंग।)

एकवचन : હું/તૂ/તે કરી રહ્યો હતો/કરતો હતો કરી રહી હતી/કરતી હતી

बहुवचन : અમે/તમે/તેઓ કરી રહ્યા હતા/કરતા હતા કરી રહી હતી/કરતી હતી

અકર્મક ક્રિયાપદ 'હસવું'

(अकर्मक क्रियापद (**હસવું**) पुल्लिग-स्त्रीलिंग)

एकवचन : હું/તૂ/તે હસી રહ્યો હતો/હસતો હતોહસી રહી હતી/હસતી હતી

बहुवचन : અમે/તમે/તેઓ હસી રહ્યા હતા/હસતા હતાહસી રહી હતી/હસતી હતી

(6) હેતુ હેતુ મદ્ ભૂત हेतु हेतु मद् भूत

इस काल में कुछ प्रकार की स्थिति का सर्जन हुआ होता या कार्य हुआ होता ऐसा शरतपूर्वक दर्शाया गया है।

(જો) હું કરતો....................	(यदि) मैं करता..................
(જો) હું હસતો..............	(यदि) मैं हंसता..................

સકર્મક ક્રિયાપદ 'કરવું'

(सकर्मक क्रियापद (**કરવું**) पुल्लिग-स्त्रीलिंग।)

एकवचन :	(જો) હું/તૂ/તે...	કરતો............./	કરતી.............
बहुवचन :	(જો) અમે/તમે/તેઓ...	કરતી............./	કરતી.............

અકર્મક ક્રિયાપદ 'હસવું'

(अकर्मक क्रियापद (**હસવું**) पुल्लिंग-स्त्रीलिंग)

एकवचन : (જો) હું/તૂ/તે... હસતો............./
હસતી.............

बहुवचन : (જો) અમે/તમે/તેઓ... હસતી............./
હસતી.............

टिप्पणी

अपूर्ण भूतकाल दो प्रकार की क्रिया का निर्देश करते है।

(१) क्रिया भूतकाल में निश्चित समय पर हो रही थी। उदा., **રાખી એને કરી રહી હતી.**

(२) क्रिया भूतकाल में निरंतर बना करती थी। उदा., **રાખઈ એને (કર્યા) કરતી હતી.**

सोलहवीं सीढ़ी- ૧૬મું પગથિયું

वाच्य

વાચ્ય

हिन्दी की तरह गुजराती में भी वोइस याने वाच्य के दो प्रकार है।

(i)	કર્તૃ વાચ્ય	कर्तृ वाच्य
(ii)	કર્મ વાચ્ય	कर्म वाच्य
(iii)	ભાવ વાચ્ય	भाव वाच्य

वाच्य द्वारा यह दर्शाया जाता है के, जो क्रिया हो रही होती है, वह कर्ता प्रधान है या कर्म प्रधान है अथवा भाव प्रधान है।

कर्तृ वाच्य में कर्ता का प्राधान्य होता है। उदा.,

હું પત્ર લખું છું. मैं पत्र लिखता हूं

इस वाक्य में कर्ता હું (मैं) का महत्त्व है और इसलिए उस पर भार रखा गया है। लेकिन जो कर्म को महत्त्व दिया जाता है, तो क्रियापद के साथ सहायक क्रियापद 'જવું' या उसका अन्य भूतकाल का रूप लगता है और कर्ता को कारक (विभक्ति) का अनुग થી लगता है और ततपश्चात् वह कर्म वाच्य बनता है।

મારાથી પત્ર લખાય છે. मुझसे पत्र लिखा जाता है

भाववाच्य में क्रियापद सकर्मक रूप से जारी रहता है और वचन एवम जाति को तथा क्रिया और कर्म को तृतीय (अन्य) पुरुष के साथ मिलाता है। तृतीय पुरुष में हंमेशा एकवचन और स्त्रीलिंग रहते है।

उदाहरण –

હું વાંચી નથી શકતો (કર્તૃ વાચ્ય) मैं पढ़ नहीं सकता।

મારાથી વંચાતું નથી. (ભાવ વાચ્ય) मुझसे पढ़ा नहीं जाता।

यहां વાંચી क्रियापद का प्राधान्य है इसलिए वाक्य ભાવ વાચ્ય बनता है।

વાચ્ય પરિવર્તન वाच्य परिवर्तन

जब हम कर्तृ वाच्य को कर्म वाच्य में परिवर्तित करते है, तब जहां कर्ता का प्राधान्य होता है, वहां कर्म प्रधान बन जाता है और इसलिए कर्तृ वाच्य कर्म वाच्य बनता है।

कर्तृ वाच्य की रचना संबंधित काल के જવું कर्ता के साथ लगा कर प्रयोग किया जाता है, जब कि कर्म वाच्य में अनुगो थी अथवा द्वારા अथवा ના द्वારા लगाया जाता है। उदाहरणार्थ –

कर्तृ वाच्य	: मैंने फूल तोड़ा।	મેં ફૂલ તોડ્યું.
कर्म वाच्य	: फूल मेरे द्वारा तोड़ा गया।	ફૂલ મારા દ્વારા તોડવામાં આવ્યું.
कर्तृ वाच्य	: वह गीत गाती है।	તે ગીત ગાય છે.
कर्म वाच्य	: उसके द्वारा गीत गाया गया।	એના દ્વારા ગીત ગાવામાં આવ્યું.
कर्तृ वाच्य	: राम ने रावण को मारा।	રામે રાવણને માર્યો.
कर्म वाच्य	: रावण राम के द्वारा मारा गया।	રાવણ રામ દ્વારા માર્યો ગયો.
कर्तृ वाच्य	: शाह जहां ने ताज महल बनवाया।	શાહજહાંએ તાજમહેલ બનાવડાવ્યો.
कर्म वाच्य	: ताज महल शाह जहां द्वारा बनवाया गया।	તાજમહેલ શાહજહાં દ્વારા બનાવડાવવામાં આવ્યો.

भाव वाच्य मात्र अकर्मक क्रियापद के द्वारा ही रचा जा सकता है। उदाहरणार्थ–

कर्तृ वाच्य	: घोड़ा नहीं चल सकता।	ઘોડો ચાલી નથી શકતો.
कर्म वाच्य	: घोड़े से चला नहीं जाता।	ઘોડાથી ચાલી નથી શકાતું.

गुजराती में जो भाव वाचक कहा जाता है, उसे अंग्रेजी के एक्टिव वोइस के समान गीना जाता है क्योंकि, अंग्रेजी में भाव वाच्य नहीं है।

टिप्पणी

ભાવ વાચ્ય कभी-कभी ही देखने को मिलते है। ज्यादातर वह असमर्थता की नकारात्मकता व्यक्त करने के लिये प्रयोग किये जाते है। यहां मुख्य क्रियापद किसी भी प्रकार से नहीं बदलती और वह हंमेशा कृदंत, पुल्लिंग और एकवचन में ही रहता है। (उदा., **ભણેલો, ગણેલો, સૂતેલો, ચાલેલો** आदि।) **એનાથી ચાલી નથી શકાતું. મારાથી નથી જીવાતું. રોગીથી સૂઈ નથી શકાતું.**

सत्रहवीं सीढ़ी - ૧૭મું પગથિયું

यौगिक क्रिया
યૌગિક ક્રિયાઓના
પ્રકાર

1. પ્રેરણાર્થક ક્રિયા प्रेरणार्थक क्रिया

प्रेरणार्थक क्रिया (પ્રેરણાર્થક ક્રિયા) में कुछ क्रिया करने की कुछ लोगो को प्रेरणा देने का सूचन है। उदा.,-

(i)	આ પત્ર મીનાક્ષીથી લખાવો.	यह पत्र मीनाक्षी से लिखवाओ।
(ii)	મેં ધોબીથી કપડાં ઈસ્ત્રી કરાવ્યા.	मैंने धोबी से कपड़े इस्तरी करवाए।

प्रेरणार्थक क्रियापद लખાવો, કરાવો आदि मूल क्रियापद લખાવવું और કરાવવું के प्रेरणार्थक क्रियापद के रूप है।

गुजराती भाषा में ज्यादातर दो प्रकार के प्रेरणार्थक क्रियापद होते है। प्रथम प्रकार तत्काल प्रेरणा दर्शाते है, जबकि दूसरे प्रकार में दूरस्थ प्रेरणा दर्शायी जाती है। उदाहरण - पढ़ना (ભણવું), पढ़ाना (ભણાવવું), पढ़वाना (ભણાવવું).

प्रेरणार्थक क्रियापद बनाने के लिए कुछ निश्चित नियम है, जो अध्ययन और निदर्शन के माध्यम से सीखे जा सकते है :

(a) जिनमे मूल क्रियापदो में कोई बदलाव नहीं होता ऐसे उदाहरण :

मूल क्रियापद	सामान्य क्रियापद	प्रथम प्रेरणा	द्वितीय प्रेरणा
	[–ना]	[–आना]	[–पाना]
कर	करना	कराना	करवाना
पढ़	पढ़ना	पढ़ाना	पढ़वाना
सुन	सुनना	सुनाना	सुनवाना
लिख	लिखना	लिखाना	लिखवाना
उठ	उठना	उठाना	उठवाना

(b) मूल क्रिया रूप में दो अक्षर के प्रथम स्वर को छोटा (शोर्ट) किया जाता है, उदाहरण-

मूल क्रियापद	सामान्य क्रियापद	प्रथम प्रेरणा	द्वितीय प्रेरणा
बोल	बोलना	बुलाना	बुलवाना
जाग	जागना	जगाना	जगवाना
जीत	जीतना	जिताना	जितवाना
लेट	लेटना	लिटाना	लिटवाना
खोद	खोदना	खुदाना	खुदवाना

(c) प्रेरणार्थक क्रिया में લ के साथ दीर्घ स्वर से मूल क्रिया रूप का अंत होता है।

उदाहरण :

मूल क्रियापद	सामान्य क्रियापद	प्रथम प्रेरणा	द्वितीय प्रेरणा
खा	खाना	खिलाना	खिलवाना
सी	सीना	सिलाना	सिलवाना
दे	देना	दिलाना	दिलवाना
पी	पीना	पिलाना	पिलवाना
रो	रोना	रुलाना	रुलवाना

यह याद रखना जरूरी है के, कुछ क्रियापदो के विशेष प्रेरणार्थक क्रियारूप नहीं होते। वह इस प्रकार है :

आना	जाना	पाना	सकना
होना	पड़ना	रहना	सुस्ताना
लजाना	कुम्हलाना		

2. સહાયક ક્રિયાપદ सहायक क्रिया

सहायक क्रिया (સહાયક ક્રિયાપદ) क्रिया का समय, भाव आदि को समजाने में सहायक होते है. वह जब मूल क्रियापद के साथ मिलता है तब क्रियापद का पूर्ण अर्थ समज में आता है और सहायक क्रियापद मूल क्रियापद के साथ किसी रूप के बिना बदलाव के प्रयोग किया जाता है।

ચુક और પડ स्वतंत्र क्रियापद है, लेकिन उनके साथ गुजराती में सहायक क्रियापदो भी प्रयोग किये जा सकते है। જોઈએ जैसा अपरिवर्तित शब्द भी सहायक क्रियापद के लिए प्रयोग किया जा सकता है।

(a) **શકવું** (क्षमता या परवानगी दर्शाने के लिए) :

(i) हम इसे अपने-आप हल कर सकते है। — આપણે આને પોતાની મેળે ઉકેલી શકીએ છીએ (क्षमता)

(ii) मैं हिंदी पढ़ और लिख सकता हूं। — હું હિન્દી વાંચી અને લખી શકું છું. (क्षमता)

(iii) क्या मैं अंदर आ सकता हूं, श्रीमान? — શું, હું અંદર આવી શકું છું, શ્રીમાન? (परवानगी)

(iv) अब आप जा सकते है। — હવે તમે જઈ શકો છો. (परवानगी)

(b) **ચૂકવું** (क्रिया की पूर्णता अभिव्यक्त करने के लिए):

(i) हम सब खाना खा चुके हैं। — આપણે બધા ખાવાનું ખાઇ ચૂક્યા છીએ.

(ii) नेताजी पहले ही आ चुके थे। — નેતાજી પહેલાં જ આવી ચૂકેલા.

(c) **જોઈએ** (फरज, प्रतिबद्धता निर्देश करने के लिये)–

(a) प्रत्येक को अपना कर्त्तव्य निभाना चाहिए। — પ્રત્યેકે પોતાનું કર્તવ્ય નિભાવવું જોઈએ.

(b) आपको भगवद्‌गीता पढ़नी चाहिए। — તમારે ભગવદ્‌ગીતા વાંચવી જોઈએ.

(c) तुम्हें बड़ों का सम्मान करना चाहिए था। — તમારે વડીલોનું સન્માન કરવું જોઈતું હતું.

(d) **પડ** (निःसहाय तथा जरूरियात का अर्थ अभिव्यक्त करने के लिए) :

(e) हमें मद्रास जाना पड़ा। — અમારે મદ્રાસ જવું પડ્યું.

(f) उसे रोज यहां आना पड़ता है। — એને રોજ અહીંયા આવવું પડે છે.

3. સંયુક્ત ક્રિયા संयुक्त क्रिया

संयुक्त क्रिया (સંયુક્ત ક્રિયા) याने अर्थ के दृढीकरण के लिये दो मूलभूत क्रिया रूपो का संयोजन ।

संयुक्त क्रियापद में एक मूल क्रिया रूप मुख्य होती है और दूसरी गौण होती है । मुख्य क्रिया रूप के मूल में कोई परिवर्तन नहीं होता । जबकि गौण क्रिया रूप में संयोजन होता है ।

गौण क्रियापद पूरा अर्थ नहीं दे सकता, लेकिन पूरे क्रियापद के अर्थ को समजाने के लिए मुख्य क्रियापद की सहाय करता है ।

संयुक्त क्रियापद में गौण क्रियापद के हिसाब से प्रयोग किये जाते कुछ क्रिया रूप यहां दिये गये है– રાખવું, લેવું, દેવું, જવું, નાંખવું, રહેવું, મેળવવું, બેસવું, ઉઠવું, ભાગવું, જોવું आदि ।

(a) **રહેવું** (क्रिया का चालुपन अथवा अपूर्णता का सूचन होता है) उदा.-

રમે છે — હસતા રહે છે — લડતા રહે છે

वाक्य-हम चलते रहते हैं। — અમે ચાલતી રહીએ છીએ.

(*b*) **ઉઠવું** क्रिया के अचानकता अभिव्यक्त होती है। उदा.-

જાગી ઉઠી　　　રોઈ ઉઠ્યો　　　બરાડી ઉઠ્યો

वाक्य-वह बहुत चिंतित हो उठा　ते ખૂબ ચિંતિત થઈ ઊઠ્યો.

(*c*) **જવું** (मुख्य क्रियापद की पूर्णता को दर्शाने के लिये) उदा.-

બેસી જાય છે　　　સૂઈ જશે　　　ડૂબી ગયો

वाक्य-वह मेज पर खड़ा हो गया।　તે ટેબલ પર ઊભો થઈ ગયો.

(*d*) **બેસવું** गलती से हो गई क्रिया का सूचन करने के लिए। उदाहरण -

ઊભો બેઠો છે　　　લડી બેઠી છે　　　કરી બેઠા છે.

वाक्य-मैं अपना पैन खो बैठा हूं। હું પોતાની પેન ગુમાવી બેઠો છું.

(*e*) **શકવું** ऽकिसी बाबत को पूर्ण करी सकने की क्षमता दर्शाने के लिए। गौण रूप से जुडता क्रियापद **શકવું** ज्यादार नकारात्मक वाक्यो में प्रयोग किया जाता है।

કરી (ના) શક્યો　　આપી (ના) શક્યો　　બેસી (ના) શક્યા

वाक्य-मैं नींद नहीं कर पाया।　હું સૂઈ ના શક્યો.

टिप्पणी

જોઈએ वाक्य में संज्ञा के साथ मुख्य अथवा गौण भाव से सामान्यतः संयोजाता है।

उदा.-

(A) हमें मिठाई चाहिए।　અમારે મિઠાઈ જોઈએ છે.
हमें मिठाइयां चाहिए।　અમારે મિઠાઈઓ જોઈએ છે.
उसे क्या चाहिए?　એને શું જોઈએ છે?
उसे पेंसिलें चाहिए।　એને પેન્સિલ જોઈએ છે.
(B) आपको सोना चाहिए।　તમારે સૂવું જોઈએ.
हमें रोज सैर करनी चाहिए। આપણે રોજ સહેલ કરવી જોઈએ.

याद रखें : જોઈએ का बहुवचन જોઈએ है। लेकिन अब જોઈએ को कालग्रस्त माना जाता है। आधुनिक गुजराती में જોઈએ शब्द एकवचन और बहुवचन दोनो में अपरिवर्तनशील है।

अठारहवीं सीढ़ी - ૧૮મું પગથિયું

अव्यय या अविकारी
અવ્યય અથવા અવિકારી

जो शब्द किसी भी स्थिति में अपरिवर्तनशील रहते है अर्थात् उनमें कोई भी बदलाव नहीं हो सकता ऐसे शब्दो को અવ્યય अथवा અવિકારી कहा जाता है। उदा.,— આજ (आज), કાલ (कल), જલ્દી (जल्दी), आदि।

अव्यय अथवा अविकारी शब्दो के चार प्रकार है :

1. ક્રિયાવિશેષણ	क्रियाविशेषण
2. સંબંધબોધક	संबंधबोधक
3. સમુચ્ચયબોધક	समुच्चयबोधक
4. વિસ્મયાદિબોધક	विस्मयादिबोधक

आईए, हम इनक शब्दो को समजते है :

1. **ક્રિયાવિશેષણ- क्रियाविशेषण** : (यह क्रिया के विषय में अतिरिक्त गुणवत्ता दर्शाता है।):

(i) અમિત નહીં આવે.	अमित नहीं आएगा।
(ii) તારી પાસે કેટલો સમય છે?	तुम्हारे पास कितना समय है?
(iii) તે કેવી રીતે લખે છે?	वह कैसे लिखता है?
(iv) ક્યાં જાઓ છો?	कहां जा रहे हो?
(v) હવે ગાવાનું શરૂ કરો.	अब गाना शुरू करो।

उपर के वाक्यो में નહીં, કેટલો, કેવી રીતે, ક્યાં, હવે क्रिया विशेषण है क्योंकि, यह शब्दो क्रिया को अतिरिक्त अर्थ प्रदान करता है और यह सभी અવ્યય है।

સ્થાનસૂચક	- ક્યાં, અહીંયા, ત્યાં, જ્યાં.
રીતિસૂચક	- ધીમે-ધીમે, કેવી રીતે
નિષેધસૂચક	- ના, નહીં.
કાળસૂચક	- અત્યારે, જ્યારે, ત્યારે, ક્યારે, તુરંત
પરિમાણસૂચક	- એટલું, આટલું, જેટલું, કેટલું.

2. **સંબંધબોધક-संबंधबोधक :** (यह वाक्य में प्रयोग किये जाते नाम, सर्वनाम आदि के साथ अन्य शब्दो का संयोजन करके उनका संबंध दर्शाते है।)

(i) ટેબલ પર પુસ્તક પડ્યું છે.	मेज पर पुस्तक पड़ी है।
(ii) વિકાસ પાછળ રહી ગયો.	विकास पीछे रह गया।
(iii) તમારા જેવું બહાદુર કોઈ નથી.	आपके समान बहादुर कोई नहीं।

(iv) તમે મારા વિરુદ્ધ જઈ રહ્યા છો. — तुम मेरे खिलाफ जा रहे हो।

(v) આ ફક્ત તમારા માટે છે. — यह केवल आपके लिए है।

उपर के वाक्यो में પર, પાછળ (જેવું) સમાન, વિરુદ્ધ, અને (તમારા) માટે पूर्वग है।

निम्नलिखित शब्द अनुग है ।

સ્થાનસૂચક – (ની) અંદર, પર, માં; (થી) દૂર, નજીક, ઉપર; (ની) આગળ, પાછળ.

કાળસૂચક – (ની) આગળ, પાછળ; (ના) પછી, ઉપરાંત; (થી) પહેલાં.

સમતાસૂચક – (ની) સમાન, બરાબર, જેવું (ની) જેમ.

વિરોધસૂચક – (ની, ના) વિરુદ્ધ, પ્રતિકૂળ

કારણબોધક – (ની) માટે, (ને) કારણ, હેતુ .

અન્ય- ને, (ની) તરફ (ના) પ્રતિ (દિશાબોધક); (થી) દૂર, (પૃથકતાસૂચક); (ના) સહારે, દ્વારા (સાધનસૂચક).

उल्लेखनिय है के, गुजराती में સંબંધબોધક प्रयोग के समय अनुग की तरह प्रयोग होता है और वह शब्द को विशेष अर्थ प्रदान करता है ।

3. **સમુચ્ચયબોધક- समुच्चयबोधक** (यह ऐसे शब्द है, जो वाक्य, शब्द या पद को जोडते है):

(i) ડબલરોટી અને માખણ પર્યાપ્ત આહાર છે. — डबलरोटी और मक्खन पर्याप्त आहार है।

(ii) મને તાવ આવી ગયો છે, આથી હું ઉપસ્થિત નથી થઈ શકતો. — मुझे बुखार हो गया है, इसलिए मैं उपस्थित नहीं हो सकता।

(iii) તમે અહીંયા આવશો કે નહીં? — तुम यहां आओगे कि नहीं?

उपर के वाक्यो में અને (और) આથી (इसलिए), કે (कि) संयोजको याने के समुच्यबोधक है, जो उन शब्दो के वाक्यो को जोडता है ।

निम्नलिखित शब्द संयोजक याने के समुच्यबोधक है –

(i) અને, તેમજ, તથા

(ii) અથવા, યા નહીં તો

(iii) આથી, તેથી, કેમ કે

(iv) જો - તો, જો કે, તો પણ

(v) અર્થાત્, જેમ કે -

(vi) પણ, પરંતુ, કિન્તુ, બલ્કે

(vii) જેથી.

4. **વિસ્મયાદિબોધક-विस्मयादिबोधक** *:* (बोलने वाले की अनुभूति या जज़्बात के उद्‌गार के हिसाब से जो शब्द निकलते है, उन शब्दो को विस्मयादिबोधक कहते है ।) :

(i) વાહ-વાહ! મે પ્રથમ પુરસ્કાર જીત્યો! — वाह–वाह, मैंने प्रथम पुरस्कार जीता।

(ii) આહા! આ બગીચો કેટલો સુંદર છે! — अहा! यह बाग कितना सुंदर है।

(iii) અરે, તે મરી ગયો! — अरे! वह मर गया।

(iv) હાય! હવે હું શું કરું! — हाय! गैं अब क्या करूं।

उपर के वाक्यो में વાહ-વાહ, આહા, અરે, હાય आदि शब्द आनंद, आश्चर्य, दुःख - जज़्बात को अभिव्यक्त करते है इसलिए वह विस्मयादिबोधक है।

विस्मयादिबोधक की सूची –

વિસ્મય - અરે! ઓહ!
ઉત્સાહ - ધન્ય! શાબાશ!
આનંદ - વાહ-વાહ! આહા!
દુઃખ - અરે! હાય!
સંબોધન - ઓ! અરે!
ઘૃણા - છી, ઊંહ! ધત્!
વિવશતા - કદાચ!

टिप्पणी

	(A)	(B)
(i)	**ખરાબ ના કહો**	**ખરાબ ન કહો**
(ii)	**ખરાબ ના સાંભળો**	**ખરાબ ન સાંભળો**
(iii)	**ખરાબ ના જુઓ**	**ખરાબ ન જુઓ**

उपर के वाक्यो में कुछ फर्क है. प्रथम कोलम में **'ના'** नकारात्मक (निषेधात्मक) भाव के साथ है लेकिन, **'ન'** वैकल्पिक विधायकता दर्शाता है।

सामान्यतः कहा जाये तो कोलम (A) और (B) में अर्थ की समानता है, लेकिन वास्तव में वह सत्य नहीं है।

'ના' शब्द अत्यंत दबाव या फोर्स का निर्देश करने के लिए प्रयोग किया जाता है। याद रखें – **'ના'** कि जगह **'ન'** शब्द प्रयोग करने से भाव की तीव्रता थोडी कम रहती है।

उन्नीसवीं सीढ़ी-૧૯મું પગથિયું

गिनती

ગણતરી

૧. એક	૮. આઠ	૧૫. પંદર	૨૨. બાવીસ
૨. બે	૯. નવ	૧૬. સોળ	૨૩. ત્રેવીસ
૩. ત્રણ	૧૦. દસ	૧૭. સત્તર	૨૪. ચોવીસ
૪. ચાર	૧૧. અગિયાર	૧૮. અઢાર	૨૫. પચ્ચીસ
૫. પાંચ	૧૨. બાર	૧૯. ઓગણીસ	૨૬. છવ્વીસ
૬. છ	૧૩. તેર	૨૦. વીસ	૨૭. સત્યાવીસ
૭. સાત	૧૪. ચૌદ	૨૧. એકવીસ	૨૮. અઠ્યાવીસ

૨૯. ઓગણત્રીસ
૩૦. ત્રીસ
૩૧. એકત્રીસ
૩૨. બત્રીસ
૩૩. તેંત્રીસ
૩૪. ચોંત્રીસ
૩૫. પાંત્રીસ
૩૬. છત્રીસ
૩૭. સાડત્રીસ
૩૮. આડત્રીસ
૩૯. ઓગણચાલીસ
૪૦. ચાલીસ
૪૧. એકતાલીસ
૪૨. બેંતાલીસ
૪૩. તેંતાલીસ
૪૪. ચુમ્બાલીસ
૪૫. પિસ્તાલીસ
૪૬. છેત્તાલીસ
૪૭. સુડતાલીસ
૪૮. અડતાલીસ
૪૯. ઓગણપચાસ
૫૦. પચાસ
૫૧. એકાવન
૫૨. બાવન
૫૩. ત્રેપન
૫૪. ચોપન
૫૫. પંચાવન
૫૬. છપ્પન
૫૭. સત્તાવન
૫૮. અઠ્ઠાવન
૫૯. ઓગણસાંહીઠ
૬૦. સાંહીઠ
૬૧. એકસઠ
૬૨. બાસઠ
૬૩. ત્રેસઠ
૬૪. ચૌંસઠ
૬૫. પાંસઠ
૬૬. છાંસઠ
૬૭. સડસઠ
૬૮. અડસઠ
૬૯. ઓગણસીત્તેર
૭૦. સીત્તેર
૭૧. ઈકોત્તેર
૭૨. બોત્તેર
૭૩. તોત્તેર
૭૪. ચુમ્બોત્તેર
૭૫. પંચોત્તેર
૭૬. છોત્તેર
૭૭. સીત્યોત્તેર
૭૮. ઈઠ્યોત્તેર
૭૯. ઓગણએંસી
૮૦. એંસી
૮૧. એક્યાસી
૮૨. બ્યાસી
૮૩. ત્યાસી
૮૪. ચોર્યાસી
૮૫. પંચ્યાસી
૮૬. છ્યાંસી
૮૭. સીત્યાસી
૮૮. ઈઠ્યાસી
૮૯. નેવ્યાસી
૯૦. નેવુ
૯૧. એકાણ્ણુ
૯૨. બાણુ
૯૩. ત્રાણુ
૯૪. ચોરાણુ
૯૫. પંચાણુ
૯૬. છન્નુ
૯૭. સત્તાણુ
૯૮. અઠ્ઠાણુ
૯૯. નવ્વાણુ
૧૦૦. સો

૧,૦૦૦ હજાર
૧,૦૦,૦૦૦ લાખ
૧,૦૦,૦૦,૦૦૦ કરોડ

ક્રમાંક **(क्रमांक)**

પહેલો	पहला	છઠ્ઠો	छठा
બીજો	दूसरा	સાતમો	सातवां
ત્રીજો	तीसरा	આઠમો	आठवां
ચોથો	चौथा	નવમો	नवां
પાંચમો	पांचवां	દસમો	दसवां

ગુણનાંક (गुणनांक)

બમણું	दुगुना	સાત ગણું	सतगुना
ત્રણ ગણું	तिगुना	આઠ ગણું	अठगुना
ચાર ગણું	चौगुना	નવ ગણું	नौगुना
પાંચ ગણું	पचगुना	દસ ગણું	सतगुना
છ ગણું	छहगुना		

આવૃત્તિપર અંક (आवृत्तिपरक अंक)

એક વાર	एक बार	ચાર વાર	चार बार

બે વાર	दो बार	પાંચ વાર	पांच बार
ત્રણ વાર	तीन बार		

પૂર્ણયોગાંક

पूर्णयोगांक (પૂર્ણયોગાંક)

બંને	दोनों	વીસેય	बीसों
ત્રણેય	तीनों	વીસિયો	बीसियों
ચારેય	चारों	સેંકડો	सैकड़ों
દસે-દસ	दसों	હજારો	हजारों

टिप्पणी

1. अंको ११ से १२ के उच्चार के अंत में **-આર** लगता है। उदा. અગિયાર, બાર, आदि।
2. समान प्रकार के अंत्योच्चार वाले अंक समान प्रकार के अंत्योच्चार वाले अंक **ઓગણીસ** (१९) का उच्चार **વીસ** (२०) के करीब है। इसी प्रकार और **ઓગણત્રીસ** (२९), और **ત્રીસ**(३०), **ઓગણચાલીસ** (३९) और **ચાલીસ** (४०) आदि।
3. **हजार** आदि। **सहस्र (હજાર)** सामान्यतः संज्ञा प्रकार से लिखे जाते है और उनके पहले **એક** आदि पूर्वग आते है।

बीसवीं सीढ़ी - ૨૦મું પગથિયું

वर्तनी की भूलें

શબ્દોની જોડણીની ભૂલો

यहां कुछ गलत और सही वर्तनी के उदाहरण दिए गये है। यह ऐसी भूलें है, जो सामान्य आदमी के द्वारा ज्यादातर होती है। शब्दो के सही रूप को जानिए :

गलत वर्तनी	सही वर्तनी	गलत वर्तनी	सही वर्तनी
અવશ્યક	આવશ્યક	દુખ	દુ:ખ
અત્યાધિક	અત્યધિક	હિન્દુ	હિન્દૂ
અગનિ	અગ્નિ	જન્તા	જનતા

ઓદ્યોગિકરણ	ઔદ્યોગિકરણ	પ્રથક	પૃથક
ઉજ્જવલ	ઉજ્જવળ	કૃપ્યા	કૃપયા
ઉપરોક્ત	ઉપર્યુક્ત	રાત્રી	રાત્રિ
આર્શીવાદ	આશીર્વાદ	વહુ	વહૂ
ઉપલક્ષ	ઉપલક્ષ્ય	શરુ	શરૂ
એતિહાસિક	ઐતિહાસિક	ગુરૂ	ગુરુ
કવિયિત્રી	કવયિત્રી	પુજ્ય	પૂજ્ય
ચિન્હ	ચિહ્ન	એવૂ	એવું
સન્યાસી	સંન્યાસી	લઘૂ	લઘુ
પરિક્ષા	પરીક્ષા	શ્રેષ્ટ	શ્રેષ્ઠ
શ્રીમતિ	શ્રીમતી	સતત્	સતત
કુરુપ	કુરૂપ	પ્રભૂ	પ્રભુ
સહસ્ત્ર	સહસ્ર	સ્ત્રિ	સ્ત્રી
સ્વાસ્થ	સ્વાસ્થ્ય	પ્રતી	પ્રતિ
હસવૂ	હસવું	ક્યા	ક્યાં
વાયૂ	વાયુ	હૂં	હું
પ્રન્તુ	પરન્તુ	જૈ	જય
પૂજ્યનીય	પૂજનીય	પ્રન	પ્રણ
ઘણૂ	ઘણું	દૃષ્ય	દશ્ય
જાગ્રત	જાગૃત	પત્નિ	પત્ની
પશ્ચાતાપ	પશ્ચાત્તાપ	સ્વામિ	સ્વામી
દુરદશા	દુર્દશા	રીતી	રીતિ
શ્રંગાર	શ્રૃંગાર	તિથી	તિથિ
સૌન્દર્યતા	સૌન્દર્ય	ક્રીયા	ક્રિયા
સમુન્દર	સમુદ્ર	હન્સ	હંસ
પરિવારિક	પારિવારિક	આખ	આંખ
બિમાર	બીમાર	કુપૂત	કપૂત
કૃપાલૂ	કૃપાલુ	પૃષ્ટ	પૃષ્ઠ
અમ્રિત	અમૃત	સૂપુત્ર	સુપુત્ર
ક્રિષક	કૃષક	શરધા	શ્રદ્ધા
પ્રાધીન	પરાધીન	ગ્યાન	જ્ઞાન
પુર્નજન્મ	પુનર્જન્મ	વાંકૂ	વાંકું

સન્મુખ	સમ્મુખ	વૃધ્ધ	વૃદ્ધ
લોકિક	લૌકિક	પુષ્ઠ	પુષ્ટ
આધીન	અધીન	સન્શય	સંશય
સ્થાયિ	સ્થાયી	હિન્સી	હિંસા
પન્ડિત	પંડિત	હન્સ	હંસ
નિર્દોષી	નિર્દોષ	કૂતરો	કૂતરો
શાંતમય	શાંતિમય	કૂતરી	કુતરી
વિશવાસ	વિશ્વાસ	નિર્દયી	નિર્દય
ઉપયોગતા	ઉપયોગિતા	વાંકૂ	વાંકું
નિરપરાધી	નિરપરાધ	કૃતગ્ય	કૃતજ્ઞ
અભિનેત્રિ	અભિનેત્રી	વનકર	વણકર
ઔઢવું	ઓઢવું	નીતી	નીતિ
દ્વિતિય	દ્વિતીય	ક્રિપા	કૃપા
નવમ્	નવમ	ઐક	એક
સડેલૂ	સડેલું	રૂપીયા	રુપિયા
ભારતિય	ભારતીય	સોતૈલો	સૌતેલો
બમણૂ	બમણું	ક્રિષી	કૃષિ
પાંડીત્ય	પાંડિત્ય	સપુત્ર	સુપુત્ર
સ્ત્રિઓ	સ્ત્રીઓ	યથેષ્ટ	યથેષ્ઠ
દુરાવસ્થા	દુરવસ્થા	જ્યોતી	જ્યોતિ
એકઠું	એકઠું	સંસારિક	સાંસારિક
કૌશલતા	કૌશલ	આધૂનિક	આધુનિક

टिप्पणी

कृषि शब्द का उच्चार **क्रिषि** प्रकार का होता है। लेकिन इसी प्रकार **क्रिया** शब्द **कृया** से अलग है और वैसा उच्चार नहीं होता। इस उदाहरण से दोनो के उच्चार के भेद को समज सकोगे। प्रथम उदाहरण सही है, दूसरे में उच्चार गलत है।

भाग-३ :
वर्गीकृत वाक्य

इक्कीसवी सीढ़ी- २१मुं पगथियुं

उपयोगी लघु वाक्य
ઉપયોગી લઘુ વાક્યો

सरल मुहावरें और वाक्यों द्वारा हम हमारें विचार और जज़्बात अभिव्यक्त कर सकते है । आईए, बोलना सीखते है :

यहां कुछ मुहावरें और छोटे वाकय दिये गये है :

1. अहो!	કેમ છો!	Kem Chho!
2. नव वर्ष की शुभकामना!	નૂતન વર્ષાભિનંદન!	Nutan Varshabhinandan!
3. आपको भी!	તમને પણ!	**tamne pan**
4. जन्मदिन मुबारक!	જન્મદિવસ શુભ હો!	Janmadin Subh ho!
5. आप सबका स्वागत!	તમારા બધાનું સ્વાગત!	Tamara badhanu Swagat
6. बधाई हो!	અભિનંદન!	Abhinandan!
7. आपके पधारने का धन्यवाद!	તમારા પધારવા માટે મહેરબાની	**tamara padharva mate** maherbani
8. भगवान् का धन्यवाद है!	ભગવાનની મહેરબાની!	Bhagwanni maherbani!
9. ओ मेरे प्रिय!	ઓહ, મારા પ્રિય!	Oh mara priy!
10. हे राम	હે ભગવાન!	He Bhagwan!
11. अरे!	અરે!	Are!
12. क्या खूब!	શાબાશ!	Shabash!
13. हाय!	હાય!	Hay!
14. क्या खूब!	અતિ શ્રેષ્ઠ!	Ati Shreshth!
15. कितना डरावना!	કેટલું ભયાનક	Ketlu Bhayanak!
16. कितना भौंडा!	કેટલું વિચિત્ર	Ketlu Vichitra!

17.कितना सुंदर!	કેટલું સુંદર!	Ketlu Sunder!
18. कितना लज्जा-जनक!	કેટલું શરમજનક!	Ketlu Sharamjanak!
19. सच!	સાચે જ!	Sache j!
20.अच्छा!	સારું!	Saaru!
21.अद्‌भुत!	સરસ!	Saras
22.आपका धन्यवाद!	આભાર!	Abhar!
23.निस्संदेह	ચોક્કસ!	Chokkas!
24.कितनी महान विजय!	કેટલો મહાન વિજય!	Ketlo Mahan Vijay!
25.अभिनंदन के साथ!	અભિનંદન સાથે!	Abhinandan sathe!

कुछ उपयोगी पद और वाक्य :

1. जरा एक मिनट	જરા એક મિનિટ!	Jara ek minit!
2. अभी आया।	હમણાં આવ્યો/આવી.	Hamna Aavyo/Aavi.
3. कुछ और?	બીજું કંઈ?	Biju kanyee?
4. काफी है।	બસ!	Bas!
5. और कुछ?	બીજું કાંઈ?	Biju kanyee?
6. कोई चिंता नहीं।	કોઈ ચિંતા નહીં	Koi chinta nahi.
7. जैसी आपकी इच्छा।	જેવી તારી ઈચ્છા.	Jevi taari ichchha.
8. कोई बात नहीं।	કોઈ વાત નથી.	Koi Vaat nathi.
9. और कुछ नहीं।	બીજું કશું નહીં.	Biju kashu nahi!
10. कदापि नहीं।	બિલકુલ નહીં.	Kyarey nahi!
11. महिलाओं के लिए।	મહિલાઓ માટે.	Mahilaon maate.
12. किराये के लिए खाली है।	ભાડા પર આપવા માટે ખાલી છે.	Bhada per Aapva maate khali chhe.
13. प्रवेश वर्जित है।	પ્રવેશ નિષેધ છે.	Pravesh Nishedh chhe.
14. प्रवेश नहीं।	પ્રવેશ નહીં.	Pravesh nahi.
15. रास्ता नहीं है।	રસ્તો નથી.	**rasto nathi.**
16. बातचीत करना मना है।	વાતચીત કરવાની મનાઈ છે.	Vaatchit karwani manai chhe.
17. सिगरेट पीना मना है।	ધૂમ્રપાનની મનાઈ છે.	Dhumrapanni manai chhe
18. थूकना मना है।	થૂકવાની મનાઈ છે.	Thukvani manai chhe.
19. वाहन खड़ा करना वर्जित है।	વાહન ઊભા રાખવાની મનાઈ છે.	Vahan ubha rakhwani manai chhe.
20. बाहर जाना मना है।	બહાર જવાની મનાઈ છે.	Bahar javani manai chhe.

૨૨મું પગથિયું - बाईसवीं सीढ़ी

વિધ્યર્થક વાક્ય
विध्यर्थक वाक्य

निम्नलिखित वाक्यो में अनेक विध्यर्थक क्रियापद हुकम, बिनती या सलाह निर्देश के लिए प्रयोग किये गये है ।

यहां कुछ छोटे वाक्यों के ऐसे उदाहरण है, जिनमें क्रियापदो में कोई क्रिया को करने का बल दिया गया है ।

1. आज्ञा दर्शाते वाक्य :

1. जल्दी करो।	જલ્દી કરો.	Jaldi karo.
2. चुप रहो!	ચુપ રહો.	Chup raho.
3. अंदर आओ।	અંદર આવો.	Andar avo.
4. बाहर निकल जाओ।	બહાર જાઓ.	Bahar jao.
5. इश्तहार मत लगाओ।	જાહેરાત ના લગાવો.	Jaherat na lagao.
6. बकवास मत करो।	બકવાસ ના કરો.	Bakvaas na karo.
7. सावधान रहो।	સાવધાન રહો.	Savdhan raho.
8. एक गिलास पानी लाओ।	એક ગ્લાસ પાણી લાવો.	Ek gilas pani lavo.
9. कल आना मत भूलो।	કાલે આવવાનું ના ભૂલતા.	Kale Aavvanu na bhulta.
10. हड़बड़ी मत करो।	જલ્દી જલ્દી ના કરો.	Jaldi-Jaldi na karo.
11. बातूनी मत बनो।	વાતો ના કરો.	Vato na karo.
12. सच बोलो।	સત્ય બોલો.	Satya bolo.
13. झूठ मत बोलो।	જૂઠું ના બોલો.	Jhuththu na bolo.
14. वापस जाओ।	પાછા જાઓ.	Pachha jao.
15. परिश्रम करो।	મહેનત કરો.	Mahenat karo.
16. खिड़की बंद करो।	બારી બંધ કરો.	Bari bandh karo.
17. दरवाज़ा खोलो।	દરવાજા ખોલો	Darwaja kholo.
18. आगे आओ।	આગળ આવો.	**Aagal aa**o.
19. अकेले आओ।	એકલા આવો.	Ekla **aa**o.
20. बैठ जाओ।	બેસી જાઓ.	Besi jao.
21. खड़े हो जाओ।	ઊભા થઈ જાઓ.	Ubha thayee jao.
22. जल्दी उठो।	જલ્દી ઊઠો.	Jaldi utho.
23. आठ बजे तक	આઠ વાગ્યા સુધી	**Aath vagya sudhi**

तैयार रहो।	તૈયાર રહો.	taiyaar raho.
24. सदा बायें चलो।	હંમેશાં ડાબી બાજુ ચાલો.	Hamesha dabi baju chalo.
25. बुरी आदतें छोड़ों।	ખરાબ આદતો છોડો!	Kharab aadat Chhodo
26. अपना काम देखो।	પોતાનું કામ કરો.	Potanu kaam karo.
27. घंटी बजाओ।	ઘંટડી વગાડો.	Ghantdi vagado.
28. इसे ले जाओ।	એને લઈ જાઓ.	Ene layee jao.
29. बाकी पैसे लौटा दो।	બાકી પૈસા પાછા આપો.	Baki paisa pachha aapo

2. बिनती (विनंती) दर्शाते वाक्य :

30. क्षमा करें।	માફ કરો.	Maaf karo.
31. बुरा मत मानिए।	ખરાબ નહીં લગાડતા.	Kharab na lagadta.
32. मुझे समझने का यत्न करें।	મને સમજવાનો પ્રયત્ન કરો.	Mane Samjvano prayatna karo.
33. कृपया मुझे अपनी साइकिल दीजिए।	કૃપા કરી મને તમારી સાઈકલ આપજો.	Krupe kari mane tamari Saical aapjo.
34. मेरे पीछे आइए।	મારી પાછળ આવો.	Mari pachhal aavo.
35. कुछ ठण्डा लीजिए।	કૃપયા, ઠંડું પીણું લો.	Krupaya, thandu pinu lo.
36. थोड़ी-सी काफी लीजिए।	કૃપયા, થોડી કૉફી લો.	Krupaya, thodi Coffee lo.
37. कृपया कमरे में सफाई करवा दीजिए।	કૃપયા, રૂમમાં સફાઈ કરાવી દો.	Krupaya room ma safai karavi do.
38. नौकर को बुलाइए न।	નોકરને બોલાવોને.	Nokar ne bolavone.
39. मिर्च पकड़ाइए न।	મરચું પકડાવશો.	Marchu pakdavso.
40. हमारे लिए कुछ मिठाई लाइए।	અમારા માટે થોડી મિઠાઈ લાવજો.	Amara mate thodi mithai lavjo.
41. कृपया ये वस्तुएं मेरे आवास पर पहुंचवा दीजिए।	કૃપયા, આ વસ્તુઓ મારા ઘર પર પહોંચાડી દો.	Krupaya aa vastuo mara ghar per pahochadi do.
42. स्नान कर लीजिए।	સ્નાન કરી લો.	Snan kari lo.
43. अपनी जगह पर बैठिए।	પોતાની જગ્યા પર બેસો.	Potani jagya per beso.
44. समय पर सूचित करें।	સમય પર સૂચિત કરો.	Samay par suchit karo.
45. कृपा करके मुझे ऋण प्रदान करें।	કૃપા કરીને મને ઋણ પ્રદાન કરો.	Krupa karine mane run pradan karo.

3. सलाह दर्शाते वाक्य :

46. हमें समय पर जाना चाहिए।	આપણે સમય પર જવું જોઈએ.	Aapne samay per javu joiye.
47. मेहनत करो नहीं तो विफल हो जाओगे।	મહેનત કરો નહીં તો નિષ્ફળ થઈ જશો.	Mehnat karo nahi to nisfal thayee jaso.
48. हम इन्तज़ार कर लें।	આપણે રાહ જોઈ લઈએ.	Aapne raah joi layiye
49. आओ सैर करें।	આવો, ફરવા જઈએ	Avo, farva jayein
50. आओ समय का सदुपयोग करें।	આવો, સમયનો સદુપયોગ કરીએ.	Avo, samay no sadupyog kariye.
51. आओ हम अपना पूरा यत्न करे।	આવો, આપણે પોતાનો પૂરો યત્ન કરીએ.	**Avo, aapne potano** puro yatna kariye.
52. चलने दीजिए।	ચાલવા દો.	Chalva do.
53. आओ पहले इस विषय पर विचार कर लें।	આવો, પહેલાં આ વિષય પર વિચાર કરી લઈએ	**Avo, pahelan Aa** vishay per vichar kari layee.
54. आओ इकट्टे सिनेमा चलें।	આવો, એક્ઠાં થઈ સિનેમા જઈએ.	Avo ektha thayee cinema jayee.

तेईसवीं सीढ़ी - २૩મું પગથિયું

वर्तमान काल

વર્તમાન કાળ

1. सामान्य वर्तमान - સામાન્ય વર્તમાન

1. मैं अपने भाई को पत्र लिखता हूं।	હું મારા ભાઈને પત્ર લખું છું.	Hu mara bhai ne patra lakhu chhu.
2. कुछ बच्चे मिठाई पसंद करते हैं।	કેટલાંક બાળક મિઠાઈ પસંદ કરે છે.	Ketlaak balak mithai pasand kare chhe.
3. मैं प्रतिदिन नौ बजे घर से चलता हूं।	હું પ્રતિદિવસ નવ વાગ્યે ઘેરથી નિકળું છું.	Hu pratidivas nav vagye gherthi niklu chhu.
4. पृथ्वी सूर्य के चारों ओर घूमती है।	પૃથ્વી સૂર્યની ચારે તરફ ફરે છે.	Pruthvi Suryani chare taraf fare chhe.
5. अच्छा बच्चा सदा अपने माता-पिता	સારો છોકરો હંમેશાં પોતાના માતા-પિતાનું	Saro Chhokro hamesha potana maata-pitanu

Hindi	Gujarati	Transliteration
का कहना मानता है।	કહેવાનું માને છે.	kahevanu mane chhe.
6. वह बहुत तेज गाड़ी चलाती है।	તે ખૂબ તેજ ગાડી ચલાવે છે.	Te khub tej gaadi chalave chhe.
7. मैं अपने दांत दिन में दो बार साफ करता हूं।	હું પોતાના દાંત દિવસમાં બે વાર સાફ કરું છું.	Hu potana daant divas ma be vaar saaf karu chhu.
8. हम भारत में रहते हैं।	અમે ભારતમાં રહીએ છીએ.	Ame Bharat ma rahiye chhiye.
9. तुम सदा पैसे चुकाना भूल जाते हो।	તમે હંમેશાં પૈસા ચુકવવાના ભૂલી જાઓ છો.	Tame hamesha paisa chukavvana bhuli jao chho.
10.आखिरी बस आधी रात को छूटती है।	છેલ્લી બસ અડધી રાત્રે છૂટે છે	Chheli bas addhi raatre chhute chhe.
11. तुम अपना सारा पैसा कपड़ों पर खर्च कर देते हो।	તમે પોતાના બધા પૈસા કપડાઓ પર ખર્ચ કરી નાખો છો.	Tame potana badha paisa kapdao per kharch kari naakho chho.
12. कोई दरवाजा खटखटाता है।	કોઈ દરવાજો ખખડાવે છે.	Koi darwajo khakhdave chhe.
13. वह हर समय ऐनक पहनती है।	તેણી દરેક સમયે ચશ્મા પહેરે છે.	Teni darek samaye chasma pahere chhe.
14. भारत में पन्द्रह क्षेत्रीय भाषाएं हैं।	ભારતમાં પંદર ક્ષેત્રીય ભાષાઓ છે.	Bharatma pander kshetriy bhasao chhe.

2. तात्कालिक वर्तमान -તાત્કાલિક વર્તમાન

Hindi	Gujarati	Transliteration
1. मेरी माताजी कमरा साफ कर रही हैं।	મારી માતાજી રૂમ સાફ સાફ કરી રહી છે.	Mari mataji room saaf kari rahi chhe.
2. मैं नवभारत टाइम्स पढ़ रहा हूं।	હું નવભારત ટાઈમ્સ વાંચી રહ્યો છું.	Main Nav Bharat vaanchi rahyo chhu.
3. कुत्ता कार के नीचे लेट रहा है।	કુતરો કારની નીચે સૂઈ રહ્યો છે.	Kutro car ni niche suyee rahyo chhe.
4. वह बाजार जा रहा है।	તે બજાર જઈ રહ્યો છે	Te bajar jayee rahyo chhe.
5. वह बेकार में शोर मचा रही है।	તે બેકારમાં શોર મચાવી રહી છે.	Te bekar ma shor machavi rahi chhe.
6. मैं अभी आ रहा हूं।	હું હમણાં આવી રહ્યો છું.	Hu hamna aavi rahyo chhu.
7. मैं आसमान की ओर देख रहा हूं।	હું આકાશની તરફ જોઈ રહ્યો છું.	Hu aakashni taraf joyee rahyo chhu.

8. मैं गाना गा रही हूं।	હું ગીત ગાઈ રહી છું.	Hu git gai rahi chhu.
9.वह पेन ढूंढ़ रही है।	તે પેન શોધી રહી છે.	Te pen sodhi rahi chhe.
10. रोगी अस्पताल जा रहा है।	રોગી હૉસ્પિટલ જઈ રહ્યો છે.	Rogi hospital jayee rahyo chhe.

3. संदिग्ध वर्तमान - સંદિગ્ધ વર્તમાન

1. वह अपने कार्यालय पहुंच रही होगी।	તે પોતાના કાર્યાલય પહોંચી રહી હશે.	Te potana karyalay pahonchi rahi hashe.
2. वे गलत सोचते होंगे।	તે ખોટું વિચારતા હશે.	Te khotu vicharta hashe.
3. मैं कल बम्बई पहुंच रहा होंगा।	હું કાલે મુંબઈ પહોંચી રહ્યો હોઈશ.	Hu kaale mumbai pahochi rahyo hoise.
4. मैं अपने छात्रों को हिंदी पढ़ा रहा होंगा।	હું મારા વિદ્યાર્થીઓને હિન્દી ભણાવી રહ્યો હોઈશ.	Hu mara vidyarthione Hindi bhanavi rahyo hoise.
5. आपकी बहन आपका इंतजार कर रही होगी।	તમારી બહેન તમારી રાહ જોઈ રહી હશે.	**Tamari bahen tamari** raah joi rahi hashe.
6. वह वायलिन बजाती होगी।	તે વાયૉલિન વગાડતી હશે.	Te violine vagadi hashe.
7. वह सप्ताह-भर में पैसा लौटाती होगी।	તે સપ્તાહ-ભરમાં પૈસા પાછા આપતી હશે.	Te saptah-bharma paisa pachha aapti hashe.
8. रमा प्रातःकाल अपना पाठ याद करती होगी।	રમા વહેલી સવારે પોતાનો પાઠ યાદ કરતી હશે.	Rama vaheli saware potano paath yaad karti hashe.

चौबीसवीं सीढ़ी- ૨૪મું પગથિયું

भविष्यत्काल

ભવિષ્ય કાળ

1. सामान्य भविष्यत्काल સામાન્ય ભવિષ્ય કાળ

1. मैं अपने भाई को पत्र लिखूंगा।	હું પોતાના ભાઈને પત્ર લખીશ.	Hu potana bhaine patra lakhish.

2. मेरे पिताजी रविवार तक यहां पहुंच जायेंगे।	મારા પિતાજી રવિવાર સુધી અહીંયા પહોંચી જશે.	Mara pitaji ravivar sudhi ahiyan pahochi jashe.
3. माताजी कल बाजार जायेंगी।	માતાજી કાલે બજાર જશે.	Mataji kaale bajar jashe.
4. वह इस वर्ष कड़ी मेहनत से पढ़ाई करेगी।	તે આ વર્ષે અથાગ મહેનતથી અભ્યાસ કરશે.	Te aa varshe athag mehnatthi abhyaas karshe.
5. इससे मेरा काम चल जायेगा।	એનાથી મારું કામ ચાલી જશે.	Enathi maru kaam chali jashe.
6. मैं परसों लौट जाउंगा।	હું પરમ દિવસે પાછો જઈશ.	Hu param divse pachho jaise
7. मेरा भाई रात को यहां ठहर जाएगा।	મારા ભાઈ રાત્રે અહીંયા રોકાઈ જશે.	Mara bhai raatre ahiya rokai jashe.
8. मैं शाम को निश्चित रूप से लौट जाउंगा।	હું સાંજે નિશ્ચિત રૂપથી પાછો આવી જઈશ.	Hu saanje nischitrupthi pachho aavish.
9. जो कुछ भी हो, मैं इसे अवश्य करूंगा।	જે કંઈ પણ થાય, હું એને ચોક્કસ કરીશ.	Je kai pan thay, hu ene chokkas karish.
10. जो कुछ आप चाहेंगे, मैं आपको निश्चित रूप से दूंगा।	જે કંઈ તમે ઇચ્છશો, હું તમને નિશ્ચિત રૂપથી આપીશ.	Je kai tame ichchso, hu tamne nischitrupthi aapish.
11.हम लगभग पांच बजे चलेंगे।	અમે લગભગ પાંચ વાગ્યે નિકળીશું.	Ame lagbhag paanch vagye niklishu.
12. मैं निश्चित रूप से धूम्रपान छोड़ दूंगा।	હું નિશ્ચિત રૂપથી ધૂમ્રપાન થોડી દઈશ.	Hu nischitrup thi dhumrapan chhodi d**aish.**
13. मैं अवश्य आउंगा।	હું અવશ્ય આવીશ.	Hu avashya aavish.
14. मैं इसे बाद में देखूंगा।	હું આને પછીથી જોઈ લઈશ.	Hu aane pachhithi joi laish.

2. संभाव्य भविष्यत् સંભાવ્ય ભવિષ્ય

1. यदि तुम्हारे भाई साहब आयें तो तुम भी जरूर आना।	જો તારા ભાઈ સાહેબ આવે તો તું પણ જરૂર આવજે.	Jo tara bhai saheb **aave to tu pan** zarur **aavje.**
2. यदि तुम ठहरो तो मैं भी ठहरूं।	જો તું રોકાય તો હું પણ રોકાઈ જાઉં.	Jo tu rokay to hu pan rokai jaau.

3. शायद रंजना आज पहुंचे।	કદાચ રંજના આજે પહોંચશે.	Kadach, Ranjana aaje pahonchse.
4. संभवत: मैं अपने साथियों को भी बुलाउं।	સંભવતઃ હું પોતાના સાથીઓને પણ બોલાવું.	Sambhavtah hu potana sathio**ne pan bolavu.**
5. यदि तुम सैर को जाओ तो मुझे भी बुलाना।	જો તમે ફરવા જાઓ તો મને પણ બોલાવજો	Jo tame farva jao to mane pan bolavjo.
6. यदि तुम चाहो तो मेरी कुटिया में आराम कर लो।	જો તમે ઇચ્છો તો મારી ઝૂંપડીમાં આરામ કરી લો.	Jo tame ichcho to maari zunpadima **aaram kari lo.**
7. मैं कभी भी यह स्टेशन छोड़ दूं।	હું ક્યારેય પણ આ સ્ટેશન છોડી દઉં.	Hu kyarey pan aa station chhodi dau.
8. कदाचित् वह कल सभा में आये।	કદાચ તે કાલે સભામાં આવે.	Kadach te kaale sabhama aave.
9. ऐसा न हो कहीं वह भाग जाये।	એવું ન થાય ક્યાંક તે ભાગી જાય.	Evu na thay kyank te bhagi jaay.
10. या तुम विज्ञान में प्रवेश लो या वाणिज्य में।	અથવા તમે વિજ્ઞાનમાં પ્રવેશ લો અથવા વાણિજ્યમાં	Athva tame vigyanma pravesh lo athva vanjiyama.

पच्चीसवीं सीढ़ी- ૨૫મું પગથિયું

भूतकाल (1)
ભૂતકાળ (1)

1. सामान्य भूतसामान्य भूत

1. छात्र कक्षा में पहुंचे।	વિદ્યાર્થી ક્લાસમાં પહોંચ્યા.	Vidhyarthi classma pahonchya.
2. पुलिस ने अपराधी को गिरफ्तार किया।	પોલિસે અપરાધીની ધરપકડ કરી.	Police apradhini dharpakad kari.
3. मैंने उसे कल देखा।	મેં એને કાલે જોયો.	Mai ene kaale joyo.
4. हम चलते-चलते राह पर बैठ गए।	અમે ચાલતા-ચાલતા રસ્તા પર બેસી ગયા	Ame chalta-chalta rasta per besi gaya.

5. मैं प्रातःकाल तुम्हारे घर गया।	હું વહેલી સવારે તારા ઘેર ગયો.	Hu vaheli saware tara gher gayo.
6. हमने उस (महिला) का हार्दिक स्वागत किया।	અમે એ (મહિલા)નું હાર્દિક સ્વાગત કર્યું.	Ame e (mahila)nu hardik swagat karyu.
7. अध्यापक ने शरारती छात्रों को दण्ड दिया।	અધ્યાપકે શરારતી વિદ્યાર્થીઓને દંડ કર્યો	Adhyapake shararati vidhyarthione dand karyo.
8. तुमने मैच देखा।	તેં મેચ જોઈ.	Te match Joyee.
9. बच्चे भागे और खेले।	બાળકો ભાગ્યા અને રમ્યા.	Balako bhagya ane ramya.
10. वे भिखारी पर हंसे।	તે ભિખારી પર હસ્યા.	Te bhikhari per hasya.
11. लड़कियों ने गीत गाया।	છોકરીઓએ ગીત ગાયું.	Chhokrioe git gayu.
12. मां ने राजा की एक कहानी कही।	માતાએ રાજાની એક વાર્તા કહી.	Mata e rajani ek vaarta kahi.
13. बच्चा गहरी नींद सोया।	બાળક ઊંડી ઊંઘમાં સૂઈ ગયો.	Balak undi unghma suyee gayo.
14. रेखा ने अपनी पक्की सहेली को पत्र लिखा।	રેખાએ પોતાની પાક્કી સહેલીને પત્ર લખ્યો.	Rekha e potani pakki saheli ne patra lakhyo.
15. उन्होंने खाया-पिया और प्रसन्न हुए।	એમણે ખાધું-પીધું અને પ્રસન્ન થયાં.	Emne khadhu-pidhu ane prasann thaya.

2. आसन्न भूत આસન્ન ભૂત

1. मैं अपना काम कर चुका हूं।	હું મારું કામ કરી ચુક્યો છું.	Hu maru kaam kari chukyo chhu.
2. वह मुझे रेस्तरां में देख चुकी है।	તે મને રેસ્ટોરાંમાં જોઈ ચુકી છે.	Vah mujhe restarantma joi chuki chhe.
3. आपने यह पुस्तक पढ़ी है।	તમે આ પુસ્તક વાંચી છે.	Tame aa pustak vaanchi che.
4. मैं अपना काम पूरा कर चुकी हूं।	હું પોતાનું કામ પૂરું કરી ચુકી છું.	Hu potanu kam puru kari chuki chhu.

5. मेरी माताजी घर पहुंच चुकी हैं।	મારી માતાજી ઘેર પહોંચી ચુકી છે.	Mari mataji gher pahonchi chuki chhe.
6. गरिमा ने गीत गाया है।	ગરીમાએ ગીત ગાયું છે.	Garima e git gayu che.
7. छात्र अपने घरों को जा चुके हैं।	વિદ્યાર્થી પોતાના ઘરોએ જઈ ચુક્યા છે.	Vidhyarthi potana gharoe jai chukya chhe.
8. जमादार ने अभी-अभी फर्श साफ किया है।	જમાદારે અત્યારે-અત્યારે ફર્શ સાફ કરી છે.	Jamadare atyare-atyare j farsh saaf kari chhe.
9. फोन बजना बंद हो गया है।	ફોન રણકવાનો બંધ થઈ ગયો છે.	Phon bajna band ho bandh thai gayo chhe.
10. किसी ने दीवाल-घड़ी तोड़ दी है।	કોઈએ દીવાલ-ઘડિયાળ તોડી નાંખી છે.	Koie dival-dadiyaal todi naankhi chhe.
11. वे दुःखद समाचार सुन चुके हैं।	તેઓ દુઃખદ સમાચાર સાંભળી ચુક્યા છે.	Teo dukhad samachar samachar sambhali chukya chhe.
12. उसने कॉफी बनाई है।	એણે કૉફી બનાવી છે.	Ene coffi banavi chhe.
13. मैंने बिल चुका दिया है।	મેં બિલ ચુકવી દીધું છે.	Me bill chukvi didhu chhe.
14. पिताजी ने पेड़ लगाया है।	પિતાજીએ વૃક્ષ લગાવ્યું છે.	Pitaji e vruksh lagavyu chhe.
15. नाटक अभी शुरू हुआ है।	નાટક અત્યારે શરૂ થયું છે.	Natak atyare sharu thayu chhe.

3. पूर्ण भूत पूર્ણ ભૂત

1. मैं पहले से ही पत्र लिख चुका था।	હું પહેલાંથી જ પત્ર લખી ચુક્યો હતો.	Hu pahelathi j patra lakhi chukyo hato.
2. वह इस फिल्म को पहले देख चुकी थी।	તે આ ફિલ્મને પહેલાં જોઈ ચુકી હતી.	Te aa filmne pahelan joi chuki hati.
3. कल सायंकाल तक मैंने उसे नहीं देखा था।	કાલે સંધ્યાકાળ સુધી મેં એને જોયો ન હતો.	Kale sandhyakal sudhi me ene joyo na hato.
4. अमित के आने से पहले अनिल घर जा	અમિતના આવવાથી પહેલાં અનિલ ઘેર	Amit na aavvathi pahela Anil gher

	चुका था।	જઈ ચુક્યો હતો.	jai chukyo hato.
5.	जब रीता आई मैं नाश्ता कर चुका था।	જ્યારે રીટા આવી, હું નાશ્તો કરી ચુક્યો હતો.	Jyare Rita aavi, hu nashto **kari chukyo** hato.
6.	हम 1950 से लाजपत नगर में रह रहे थे।	અમે ૧૯૫૦થી લાજપત નગરમાં રહેતા હતા.	Ame 1950thi Lajpat Nagarma rahta hata.
7.	मैं पिछले पांच दिनों से तुम्हारा इंतजार कर रहा था।	હું છેલ્લા પાંચ દિવસોથી તારી રાહ જોઈ રહ્યો હતો.	Hu chhella paanch divsothi tari raah joi rahyo hato.
8.	हमने ऐसा मैच पहले कभी नहीं देखा था।	અમે આવી મેચ પહેલાં ક્યારેય જોઈ ન હતી.	Ame aavi match pahela kyarey joi n hati.
9.	वह पानी पी चुकी थी।	તે પાણી પી ચુકી હતી.	Te paani pi chuki hati.
10.	मेरी बहन डिग्री की परीक्षा पास कर चुकी थी।	મારી બહેન ડિગ્રીની પરીક્ષા પાસ કરી ચુકી હતી.	Mari bahen digreeni pariksha paas kari chuki hati.
11.	मैं यहां तुम्हें मिलने आया था।	હું અહીંયા તમને મળવા આવ્યો હતો.	Hu ahiyaa tamne malva aavyo hato.
12.	उन्होंने उधार नहीं चुकाया था।	એમણે ઉધાર ચુકવ્યું ન હતું.	Emne udhar chukvyu n hatu.
13.	हमने कमीजें खरीदी थीं।	અમે શર્ટો ખરીદ્યાં હતા.	Ame sharto kharidya hata.
14.	हमारे पहुंचने से पहले गाड़ी प्लेटफार्म छोड़ चुकी थी।	અમારા પહોંચવાથી પહેલાં ગાડી પ્લેટફૉર્મ છોડી ચુકી હતી.	Amara pahonchvathi pahelan gaadi platform chhodi chuki hati.
15.	वह यह फिल्म देख चुका था।	તે આ ફિલ્મ જોઈ ચુક્યો હતો.	Te aa film joi chukyo **hato.**

छब्बीसवीं सीढ़ी - २६मुं पगथियुं

भूत काल (2)

ભૂતકાળ (2)

4. संदिग्ध भूत સંદિગ્ધ ભૂત

1. यशोधरा आयी होगी।	યશોધરા આવી હશે.	Yashodhara **aavi** hashe.
2. तुमने टैगोर का नाम अवश्य सुना होगा।	તમે ટાગોરનું નામ ચોક્કસ સાંભળ્યું હશે.	Tame Tagornu naam chokkas sambhlyu hashe.
3. वह अपना बीता समय भूल गई होगी।	તે પોતાનો વીતેલો સમય ભૂલી ગઈ હશે.	Te potano vitelo samay bhuli gai hashe.
4. वे सो गए होंगे।	તેઓ સૂઈ ગયા હશે.	Teo sui gaya hashe.
5. उन्होंने पुरानी देनदारी उसे चुका दी होगी।	એમણે જૂની દેણદારી એને ચુકવી દીધી હશે.	Emne juni dendari ene chukvi didhi hashe.
6. उसने सोचा होगा कि मैं वहीं हूं।	એણે વિચાર્યું હશે કે હું એ જ છું.	Ene vicharyu hashe ke hu e j chhu.
7. श्री मलिक ने पत्र लिखा होगा।	શ્રી મલિકે પત્ર લખ્યો હશે.	Shri Malike patra lakhyo hashe.
8. संस्थान ने मेयर को निमंत्रित किया होगा।	સંસ્થાએ મેયરને નિમંત્રિત કર્યા હશે.	Sansthae meyarne nimantrit karya hashe.
9. वे हंसे होंगे जब उसने भीख मांगी होगी।	તેઓ હસ્યા હશે જ્યારે એણે ભીખ માંગી હશે.	Teo hasya hashe jyare ene bhikh maangi hashe.
10. उन्होंने इसे स्वीकार कर लिया होगा।	એમણે એને સ્વીકાર કરી લીધું હશે.	Emne ene swikar kari lidhu hashe.
11. उसने अपना कर्त्तव्य पूरा किया होगा।	એણે પોતાનું કર્તવ્ય પૂરું કર્યું હશે.	Ene potanu kartavya puru karyu hashe.
12. लेखक ने अपनी आत्मकथा लिखी	લેખકે પોતાની આત્મકથા લખી હશે.	Lekhake potani aatmakatha lakhi

होगी।	hashe.	

5. अपूर्ण भूत - અપૂર્ણ ભૂત

Hindi	Gujarati	Transliteration
1. मैं पत्र लिख रहा था जब वह कमरे में घुसा।	હું પત્ર લખી રહ્યો હતો જ્યારે તે રૂમમાં ઘુસ્યો.	Hu patra lakhi rahyo hato jyare te roomma gusyo.
2. कल मैं घोड़े पर बैठकर स्कूल जा रहा था।	કાલે હું ઘોડા પર બેસીને સ્કૂલ જઈ રહ્યો હતો.	Kale hu goda per besine school jai rahyo hato.
3. जब मैं बाहर गया तो बारिश हो रही थी।	જ્યારે હું બહાર ગયો તો વરસાદ થઈ રહ્યો હતો	Jyare hu bahar gayo to varsaad thai rahyo hato.
4. जब मैं उससे बात कर रहा था तो मैंने एक चीख सुनी।	જ્યારે હું એનાથી વાત કરી રહ્યો હતો, તો મેં એક ચીસ સાંભળી.	Jyare hu enathi vaat kari rahyo hato, to me ek chis sambhli.
5. वह हिंदी में निबंध लिख रहा था।	તે હિન્દીમાં નિબંધ લખી રહ્યો હતો.	Te hindima nibandh lakhi rahyo hato.
6. जब वे सो रहे थे तो कुत्ते पहरा दे रहे थे।	જ્યારે તે સૂઈ રહ્યા હતા તો કુતરાં પહેરો આપી રહ્યાં હતા.	Jyare te sui rahya hata to kutra pahero aapi rahya hata.
7. जब तुम्हारा भाई आया तो हम टेनिस खेल रहे थे।	જ્યારે તારો ભાઈ આવ્યો તો અમે ટેનિસ રમી રહ્યા હતા.	Jyare maro bhai avyo to ame teniss rami rahya hata.
8. रीना अपनी इच्छा को छिपाने की कोशिश कर रही थी।	રીના પોતાની ઈચ્છાને છુપાવવાનો પ્રયત્ન કરી રહી હતી.	Rina potani ichcha chupavvano prayatna kari rahi hati.
9. वे गोष्ठी में बहुत तेज बोल रहे थे।	તે ગોષ્ઠીમાં ખૂબ તેજ બોલી રહ્યા હતા.	Te gosthima khub tej boli rahya hata.
10. आशा मेरे साथ स्कूल में पढ़ रही थी।	આશા મારી સાથે સ્કૂલમાં ભણી રહી હતી.	Asha mari saathe skulma bhani rahi hati.

રહ્યો હતો/રહી હતી और -તા હતો/-તી હતી के बीच में थोडा अंतर है । प्रथम में सिर्फ क्रिया का चालुपन कालखंड के अर्थ में दर्शाया गया है । जबकि दूसरी में क्रिया कि आदत अथवा वह क्रिया बार-बार होती होने का सूचन किया गया है ।

यहां कुछ તા હતો/તી હતી आदि के उपयोग के साथ वाक्यो को दिये गये है, जो पूर्ण भूतकाल के उदाहरण भी है ।

11. दो वर्ष पहले हम पुणे में रहते थे।	બે વર્ષ પહેલાં અમે પુણેમાં રહેતા હતા.	Be varsh pahelan ame Punema raheta hata.
12. पहले यह गाय दस कीलोलीटर दूध देती थी।	પહેલાં આ ગાય દસ કીલોલીટર દૂધ આપતી હતી.	Pahelan Aa gaay das kiloliter dudh aapti hati.
13. गत विश्वयुद्ध में जर्मन बड़ी वीरता से लड़ते थे।	ગત વિશ્વયુદ્ધમાં જર્મન ખૂબ જ વીરતાથી લડ્યા હતા.	Gat vishvayudhhama Jarman khub j virtathi ladya hata.
14. उस समय मैं दिल्ली में निवास करता था।	એ સમયે હું દિલ્લીમાં નિવાસ કરતો હતો.	e samaye hu dillima nivas karto hato.
15. मैं प्रतिदिन मंदिर जाता था।	હું પ્રતિદિવસ મંદિર જતો હતો.	Hu pratidivas mandir jato hato.
16.1947 से पूर्व हम पश्चिमी पंजाब में रहते थे।	૧૯૪૭થી પહેલાં અમે પશ્ચિમી પંજાબમાં રહેતા હતા.	1947thi pahelan ame paschimi Panjabma raheta hata.
17. जब मैं सात वर्ष का था मैं अकेला स्कूल जाता था।	જ્યારે હું સાત વર્ષનો હતો, હું એકલો સ્કૂલે જતો હતો.	Jyare hu saat varshno hato, hu eklo skule jato hato.
18. जब मैं छोटी थी, मेरी दादी मां मुझे कहानी सुनाया करती थी।	જ્યારે હું નાની હતી, મારી દાદી માં મને વાર્તા સંભળાવ્યા કરતી હતી.	Jyare hu nani hati, mari dadi maa mane vaarta sambhlavya karti hati.
19. सत्तर साल की आयु में बहुत तेज चलता था।	સિત્તર વર્ષની આયુમાં ખૂબ તેજ ચાલતો હતો.	Sitter varshni aayuma khub tej chalto hato.

6. हेतु हेतु मद् भूत હેતુ હેતુ મદ્ ભૂત

1. यदि तुम परिश्रम करते तो उत्तीर्ण हो जाते।	જો તું પરિશ્રમ કરતો, તો ઉત્તીર્ણ થઈ જતો.	Jo tu parishram karto, to uttirn **thai jato.**
2. यदि तुम ईमानदार होते तो तुम अधिक सुखी होते।	જો તું પ્રામાણિક હોત, તો તું વધારે સુખી હોત.	Jo tu pramanik hot, to tu vadhare sukhi hot.
3. यदि वह बुद्धिमती होती तो वह ऐसा न करती।	જો તે બુદ્ધિમતી હોત, તો તે એવું ના કરતી.	Jo te buddhimati hot, to te evu na karti.

	Hindi	Gujarati	Transliteration
4.	यदि तुमने गाया होता तो हम आनंद लेते।	જો તેં ગાયું હોત તો અમે આનંદ લેતા.	Jo te gaayu hot to ame aanand leta.
5.	यदि वह पहुंची होती तो मैं चला जाता।	જો તે પહોંચી હોત, તો હું ચાલ્યો જતો.	Jo te pahonchi hot, to hu chalyo jato.
6.	यदि तुम आए होते तो मैं खेलता।	જો તું આવ્યો હોત, તો હું રમતો.	Jo tu aavyo hot, to hu ramto.
7.	यदि तुमने मुझे लिखा होता मैं तुम्हें उत्तर देता।	જો તેં મને લખ્યું હોત તો હું તને ઉત્તર આપતો.	Jo te mane lakhyu hot, to hu tane uttar aapto.
8.	यदि तुमने मुझे कहा होता तो मैं रह जाता।	જો તેં મને કહ્યું હોત તો હું રહી જતો.	Jo te mane kahyu hot, to hu rahi jato.
9.	यदि उसने मुझे पहले बताया होता तो मैं ऐसा न करता।	જો એણે મને પહેલાં બતાવ્યું હોત, તો હું એવું ના કરતો.	Jo ene mane pahelan batavyu hot, to hu evu na karto.
10.	यदि तुम उसे निमंत्रित करते तो वह जरूर आती।	જો તું એને નિમંત્રિત કરતો, તો તે જરૂર આવતી.	Jo tu ene nimantrit karto, to te jarur aavti.
11.	यदि राधा के पंख होते तो वह उड़कर कृष्ण के पास पहुंच जाती।	જો રાધાના પંખ હોત, તો તે ઊડીને કૃષ્ણની પાસે પહોંચી જતી.	Jo radhana pankh hot, to te udine Krushnani pase pahonchi jati.
12.	यदि उसे कैमरा पसंद होता तो उसने खरीद लिया होता।	જો એને કેમેરો પસંદ હોત તો એણે ખરીદી લીધો હોત.	Jo ene kemero pasand hot, to ene kharidi lidho hot.

सत्ताईसवीं सीढ़ी - २७મું પગથિયું

प्रश्नसूचक वाक्य (1)

પ્રશ્નસૂચક વાક્ય (1)

प्रश्नसूचक वाक्यो के साथ :

(1)	है	हो/हैं	हूं	था/थी	थे/थीं
	છે	છે/છીએ	છું	હતો/હતી/હતું	હતા/હતી

1.	क्या हिंदी कठिन है?	શું હિન્દી અઘરી છે?	Shu hindi aghri chhe?
2.	आज ठण्ड है?	આજે ઠંડી છે?	Aaje thandi chhe?
3.	आपका नाम नरेन्द्र कुमार है?	તમારું નામ નરેન્દ્ર કુમાર છે?	**Tamaru naam** Narendra kumarj chhe?
4.	तुम भूतों से डरते हो?	તમે ભૂતોથી ડરો છો?	Tame bhutothi daro chho?
5.	तुम स्वस्थ हो?	તમે સ્વસ્થ છો?	Tame swasth chho?
6.	तुम श्री अमिताभ हो?	તમે શ્રી અમિતાભ છો?	Tame Shri Amitabh chho?
7.	मैं तुमसे डरता हूं?	હું તમારાથી ડરું છું?	Hu tamarathi daru chhu?
8.	मैं मूर्ख हूं?	હું મૂર્ખ છું?	Hu murkh chhu?
9.	मैं तुम्हारा नौकर हूं?	હું તમારો નોકર છું?	Hu tamaro noker chhu?
10.	वह डरी हुई थी?	તે ડરેલી હતી?	Te dareli hati?
11.	वह यहां अजनबी है?	તે અહીંયા અજનબી છે?	Te ahinya ajnabee chhe?
12.	चांद चमक रहा था?	ચાંદ ચમકી રહ્યો હતો?	chand chamki rahyo hato?
13.	लड़के फुटबाल खेल रहे थे?	છોકરાં ફુટબૉલ રમી રહ્યા હતા?	Chhokra futball rami rahya hata?
14.	तुम शिमला में	તમે શિમલામાં	Tame shimlama

आनंद से रहे?	આનંદથી રહ્યાં?	anandthi rahya?
15. क्या तुम अपने साथियों के साथ प्रसन्न नहीं थे?	શું તમે પોતાના સાથીઓની સાથે ખુશ ન હતા?	Shu tame potana sathio**ni sathe khush** n hata?

(2) ता, ते, ती

તા, તે, તી

16. क्या हम काम से जी चुराते हैं?	શું આપણે કામથી કંટાળીએ છીએ?	Shu Aapne kaamthi kantaliye chhie?
17. आप धूम्रपान करते हैं?	તમે ધૂમ્રપાન કરો છો?	**Tame dhumrapan** karo chho?
18. तुम सदा सच बोलते हो?	તમે હંમેશાં સત્ય બોલો છો?	Tame hamesha satya bolo chho?
19. वह अच्छी वेशभूषा पसंद करती है?	તે સારી વેશભૂષા પસંદ કરે છે?	Te saari veshbhusha pasand kare chhe?
20. वह खेल खेलता है?	તે ખેલ રમે છે?	Te khel rame chhe?
21. वह अपने पड़ोसी को पसंद करती है?	તેણી પોતાના પાડોશીને પસંદ કરે છે?	Teni potana padoshine pasand kare chhe?
22. अनुपम ने सभी सेब खा लिये?	અનુપમે બધા સફરજન ખાઈ લીધા?	Anupame badha safarjan khai lidha?
23. तुमने इसे बनाया?	તમે આને બનાવ્યું?	Tame aane banavyu?
24. क्या तुमने घण्टी बजायी?	શું તમે ઘંટડી વગાડી?	Shu tame ghantdi vagadi?

(3) चुका है, चुकी है

ચુક્યો છે, ચુકી છે

25. क्या उसने पिता को लिखा है?	શું એણે પિતાને લખ્યું છે?	Shu ene pitane lakhyu chhe?
26. क्या उसका तापमान गिर गया है?	શું એનું તાપમાન નીચું થઈ ગયું છે?	Shu enu tapmaan nichu tahi gayu chhe?
27. अनुराग से गाड़ी छुट गयी है?	અનુરાગથી ગાડી છુટી ગઈ છે?	Anuragthi gaadi chh**uti** gayi chhe?
28. तुमने अपना सारा	તમે પોતાનું બધું ધન	Tame potanu badhu

धन खर्च कर दिया है क्या?	ખર્ચ કરી દીધું છે શું?	dhan kharch kari didhu ke shu?
29. आपने कभी कोई कार चलायी है?	તમે ક્યારેય કોઈ કાર ચલાવી છે?	**Tame kyarey koi** kaar chalavi chhe?
30. तुम्हें मेरा रूमाल मिला है?	તમને મારો રૂમાલ મળ્યો છે?	Tamne maro rumal malyo chhe?
31.क्या डाकिये ने कोई पत्र दिया था?	શું પોસ્ટમેને કોઈ પત્ર આપ્યો હતો?	Shu postmene koi patra aapyo hato?
32. तुमने अपना काम पूरा कर लिया था?	તમે પોતાનું કામ પૂરું કરી લીધું હતું?	Tame potanu kaam puru kari lidhu hatu?
33. तुम कभी बम्बई गए थे?	તમે ક્યારેય મુંબઈ ગયા હતા?	Tame kyarey Mumbai gaya hata?

(4) -गा/गे -गा

-ગા/ગે -ગા

34. क्या वे समय पर गोष्ठी में उपस्थित होंगे?	શું તે સમય પર ગોષ્ઠીમાં ઉપસ્થિત થશે?	Shu te samay per go**sht**hima upasthit thashe?
35. तुम उसे स्टेशन पर मिलोगे क्या?	શું તમે એને સ્ટેશન પર મળશો?	Shu tame ene station per malso?
36. क्या मुझे अपनी गलती के लिए क्षमा नहीं मांगनी होगी?	શું મને પોતાની ભૂલ માટે માફી ના માંગવી જોઈએ?	Shu mane potani bhul mate maafi na mangvi joie?
37. हमें उससे मिलना चाहिये क्या?	શું આપણે એનાથી મળવું જોઈએ?	Shu aapne enathi malvu joie?
38. यदि मुझे जरूरत हुई तो क्या वह कुछ रुपये दे देगा?	જો મને જરૂર થઈ, તો તો શું તે થોડા રૂપિયા આપી દેશે?	Jo mane jarur thai, to shu te thoda rupiya aapi deshe?
39. यदि मुझसे गलती हो गयी तो क्या तुम मुझे ठीक उत्तर बता दोगे?	જો મારાથી ભૂલ થઈ ગઈ તો શું તમે મને યોગ્ય ઉત્તર બતાવી દેશો?	Jo marathi bhul thai gai to shu tame mane yogya uttar batavi desho?
40. क्या मुझे आपको बाधा नहीं पहुंचानी चाहिए?	શું મારે તમને બાધા ના પહોંચાડવી જોઈએ?	Shu mare tamne badha na pahochadvi joie?
41. क्या हमें दूसरों	શું આપણે બીજાઓના	Shu aapne bijaona

के अच्छे कार्यों को भूल जाना चाहिए?	સારા કાર્યોને ભૂલી જવા જોઈએ?	sara karyone bhuli jawa joie?

(5) सकना, सकते, सके
શકવું, શકતા, શકે

42. क्या तुम इस पहेली को हल कर सकते हो?	શું તમે આ પહેલીને હલ કરી શકો છો?	Shu tame aa paheline hal kari shako chho?
43. क्या तुम इस जंगले को फांद सकते हो?	શું તમે આ જાળીને કૂદી શકશો?	Shu tame aa jaline kudi sakso?
44. क्या वह समय पर आ सका?	શું તે સમય પર આવી શક્યો?	Shu te samay per **aavi sakyo**?
45. क्या हम यह काम अकेले कर सके?	શું આપણે આ કામ એકલા કરી શકીએ?	Shu aapne aa kaam ekla kari shakie?
46. क्या मैं अंदर आ सकती हूं, श्रीमान?	શું હું અંદર આવી શકું છું, શ્રીમાન?	Shu hu andar aavi shaku chhu, shriman?
47. क्या मैं आपका साथ दे सकता हूं, श्रीमती?	શું હું તમારો સાથ આપી શકું છું, શ્રીમતી?	Shu hu tamaro saath aapi saku chhu, shrimati?
48. क्या मैं आपका ध्यान आकृष्ट कर सकता हूं?	શું હું તમારું ધ્યાન માંગી શકું છું?	Shu hu tamaru dhyan maangi shaku chhu?

अट्ठाईसवीं सीढ़ी - ૨૮મું પગથિયું

प्रश्नसूचक वाक्य (2)
પ્રશ્નસૂચક વાક્ય (2)

प्रश्नसूचक वाक्य

(1) क्या कब कहां क्यों
શું ક્યારે ક્યાં કેમ

1. तुम्हारा क्या नाम है?	તમારું નામ શું છે?	Tamaru naam shu chhe?
2. तुम्हारी कितनी उम्र है?	તમારી ઉંમર કેટલી છે?	Tamari ketli umar chhe?

	Hindi	Gujarati	Transliteration
3.	इसका क्या अभिप्राय है?	આનો અર્થ શું છે?	Aano arth shu chhe?
4.	तुम क्या चाहते हो?	તમે શું ઇચ્છો છો?	Tame shu ichchho chho?
5.	आपने कितना (मूल्य) चुकाया?	તમે કેટલું (મૂલ્ય) ચુકવ્યું?	**Tame ketlu** (mulya) chuk**vyu**?
6.	आप क्या लेंगे?	તમે શું લેશો?	**Tame shu lesho**?
7.	इस समय कितने बजे हैं?	આ સમયે કેટલા વાગ્યા છે?	Aa samaye ketla vagya chhe?
8.	आप कौन सा रंग पसंद करते हैं?	તમે કયો રંગ પસંદ કરો છો?	**Tame kayo rang** pasand karo chho?
9.	तुम कितनी मजदूरी चाहते हो?	તમે કેટલી મજૂરી ઇચ્છો છો?	Tame ketli majuri ichchho chho
10.	आपकी क्या अभिरुचि है?	તમારી શું અભિરુચિ છે?	**Tamari shu abhiruchi** chhe?
11.	आप सुबह कब उठते हैं?	તમે સવારે ક્યારે ઊઠો છો?	**Tame savare kyare** utho chho?
12.	तुमने यह समाचार कब सुना?	તમે આ સમાચાર ક્યારે સાંભળ્યાં?	Tame aa samachar kyare sambhlya?
13.	हम कब लौटेंगे?	આપણે પાછા ક્યારે આવીશું?	Aapne pachha kyare aavishu?
14.	तुम अपना काम कब समाप्त करोगे?	તમે પોતાનું કામ ક્યારે સમાપ્ત કરશો?	Tame potanu kaam kyare samapt karsho?
15.	उसने तुम्हें अपनी कहानी कब सुनायी?	એણે તમને પોતાની વાર્તા ક્યારે સંભળાવી?	Ene tamne potani varta kyare sambhlavi?
16.	वे दुबारा अब कब मिलेंगे?	તેઓ ફરીથી હવે ક્યારે મળશે?	Teo farithi hawe kyare malshe?
17.	तुम्हारी कार कब चोरी हुई?	તમારી કાર ક્યારે ચોરી થઈ?	Tamari kaar kyare chori thaee?
18.	तुम अपने नये कपड़े कब पहनते हो?	તમે તમારા નવા કપડાં ક્યારે પહેરો છો?	Tame tamara nava kapda kyare pahero chho?
19.	हमें इस स्टेशन को कब छोड़ना पड़ेगा?	આપણે આ સ્ટેશનને ક્યારે છોડવું પડશે?	Aapne aa stationne kyare chhodvu padshe?
20.	तुम रात को कब सोते हो?	તમે રાત્રે ક્યારે સૂઈ જાઓ છો?	Tame raatre kyare sui jao chho?

Hindi	Gujarati	Transliteration
21. तुम्हारा बटुआ कहां है?	તમારું પાકીટ ક્યાં છે?	Tamaru pakit kya chhe?
22. आप कहां जा रहे हैं?	તમે ક્યાં જઈ રહ્યા છો?	Tame kya jai rahya chho?
23. वे कहां रहते हैं?	તે ક્યાં રહે છે?	Te kya rahe chhe?
24. यह रास्ता किधर जाता है?	આ રસ્તો ક્યાં જાય છે?	Aa rasto kya jay chhe?
25. आप कहां से आये हैं?	તમે ક્યાંથી આવ્યા છો?	**Tame kyathi aavya** chho?
26. हम पुस्तकें कहां से प्राप्त कर सकते हैं?	આપણે પુસ્તકો ક્યાંથી પ્રાપ્ત કરી શકીએ છીએ?	Aapne pustako kyathi prapt kari shakie chhie?
27. आपकी घड़ी कहां की बनी है?	તમારી ઘડિયાળ ક્યાં બનેલી છે?	**Tamari gadiyaal kya** baneli chhe?
28. तुम चाय कहां से खरीदते हो?	તમે ચા ક્યાંથી ખરીદો છો?	Tame cha kyathi kharido chho?
29. मैं कहां उतर सकता हूं?	હું ક્યાં ઉતરી શકું છું?	hu kya utri shaku chhu?
30. अब हम कहां जायेंगे?	હવે આપણે ક્યાં જઈશું?	Have aapne kya jaishu?
31. वह इस पद के लिए प्रार्थना-पत्र क्यों नहीं देता?	તે આ પદ માટે પ્રાર્થના-પત્ર કેમ નથી આપતો?	Te aa pad mate prarthana-patra kem nathi aapto?
32. तुम जल्दी क्यों नहीं आये?	તમે જલ્દી કેમ ના આવ્યા?	Tame jaldi kem na aavya?
33. उसने मुझे गाली क्यों दी?	એણે મને ગાળ કેમ આપી?	Ene mane gaal kem aapi?
34. आप इतनी (शराब) क्यों पीते हैं?	તમે આટલી (દારૂ) કેમ પીવો છો?	**Tame aatli (daru)** kem pivo chho?
35. आप मेरे प्रश्नों का समाधान क्यों नहीं करते हैं?	તમે મારા પ્રશ્નોનું સમાધાન કેમ નથી કરતાં?	**Tame mara prashno** nu samadhan kem nathi karta?
36. आज आप इतने उदास क्यों हैं?	આજે તમે આટલા ઉદાસ કેમ છો?	**Aaje tame aatla** udas kem chho?
37. तुम्हारी माता जी	તમારી માતાજી	Tamari mataji

	Hindi	Gujarati	Transliteration
	तुमसे नाराज क्यों थी?	તમારાથી નારાજ કેમ હતી?	tamarathi naraj kem hati?
38.	कुछ लोग विदेश यात्रा क्यों करते हैं?	કેટલાંક લોકો વિદેશ યાત્રા કેમ કરે છે?	ketlaak loko videsh yatra kem kare chhe?
39.	उस एम. एल. ए. को जेल क्यों भेजा गया?	એ એમ.એલ.એ.ને જેલ કેમ મોકલવામાં આવ્યો?	E m.l.a. ne jel kem mokalvama aavyo?
40.	आप मुझे समझने की कोशिश क्यों नहीं करते?	તમે મને સમજવાનો પ્રયત્ન કેમ નથી કરતા?	**Tame mane** samajvano prayatna kem nathi karta?

(2) कौन किसको किसका

કોણ કોને કોનું

	Hindi	Gujarati	Transliteration
41.	वह व्यक्ति कौन है?	તે વ્યક્તિ કોણ છે?	Te vyakti kon chhe?
42.	इस घर में कौन रहता है?	આ ઘરમાં કોણ રહે છે?	Aa gharma kon rahe chhe?
43.	यह गीत किसने गाया?	આ ગીત કોણે ગાયું?	Aa git kone gayu?
44.	घड़ियां कौन ठीक करता है?	ઘડિયાળ કોણ ઠીક કરે છે?	Ghadiyaal kon thik kare chhe?
45.	यातायात नियंत्रण कौन करता है?	ટ્રાફિક નિયંત્રણ કોણ કરે છે?	Trafic niyantran kon kare chhe?
46.	आप किसे चाहते हैं?	તમને કોણ જોઈએ છે?	**Tamne kon joie chhe**?
47.	आप किसके द्वारा नौकरी पर रखे गए हैं?	તમે કોના દ્વારા નોકરી પર રાખવામાં આવ્યા છો?	**Tame kona dwara** nokri per rakhvama aavya chho?
48.	आपने किसे वचन दिया है?	તમે કોને વચન આપ્યું છે?	**Tame kone vachan** aapyu chhe?
49.	वह मकान किसका है?	તે મકાન કોનું છે?	Te makan konu chhe?
50.	हमारे अध्यापक किसकी नौकरी में हैं?	આપણાં અધ્યાપક કોની નોકરીમાં છે?	Aapna adhyapak koni nokri ma chhe?

उन्नीतीसवीं सीढ़ी - ૨૯મું પગથિયું

प्रश्नसूचक वाक्य (3)
પ્રશ્નસૂચક વાક્ય (3)

प्रश्नसूचक वाक्य

(1) कैसे कब तक/कहां तक कितने कितना

કેવું/કેવી રીતે ક્યાં સુધી કેટલા/કેટલું કેટલું/કેટલો/કેટલી

1. आपका क्या हालचाल है?	તમારા હાલચાલ કેમ છે?	**Tamara halchal** kem chhe?
2. अब आप कैसे हैं?	હવે તમને કેવું લાગે છે?	Have tamne kevu lage chhe?
3. आपको सच्चाई का कैसे पता चला?	તમને સત્યની કેવી રીતે જાણ થઈ?	**Tamne satyani kevi** rite jaan thai?
4. आप कैसे हैं?	તમે કેમ છો?	**Tame kem chho**?
5. आपकी उम्र क्या है?	તમારી ઉંમર કેટલી છે?	**Tamari umar ketli chhe**?
6. यह कैसे संभव है?	આ કેવી રીતે શક્ય છે?	Aa kevi rite shakya chhe?
7. आपका लड़का कितना बड़ा है?	તમારો છોકરો કેટલો મોટો છે?	**Tamaro chhokro** ketlo moto chhe?
8. आपने इसका प्रबंध कैसे किया?	તમે આની વ્યવસ્થા કેવી રીતે કરી?	**Tame aani vyvastha** kevi rite kari?
9. आप भारत में कितने समय से हैं?	તમે ભારતમાં કેટલા સમયથી છો?	**Tame Bharatma** ketla samay thi chho?
10. आपकी माताजी कितने समय से बीमार है?	તમારી માતાજી કેટલા સમયથી બીમાર છે?	**Tamari mataji ketla** samay thi bimar chhe?
11. वे कितने समय के लिए कमरे चाहते हैं?	તેમને કેટલા સમય સુધી રૂમો જોઈએ છે?	Temne ketla samay sudhi roomo joie chhe?
12. आपके घर से डाकखाना कितनी दूर है?	તમારા ઘરથી ડાકઘર કેટલું દૂર છે?	**Tamara gharthi** dakghar ketlu dur chhe?

Hindi	Gujarati	Transliteration
13. यह कमरा कितना लम्बा है?	આ રૂમ કેટલો લાંબો છે?	Aa room ketlo lambo chhe?
14. यहां से राजधानी कितनी दूरी पर है?	અહીંયાથી રાજધાની કેટલા અંતર પર છે?	Ahiyaanthi rajdhani ketla antar per chhe?
15. आपके कुटुम्ब में कितने व्यक्ति हैं?	તમારા કુટુંબમાં કેટલા વ્યક્તિ છે?	**Tamara kutumbma** ketla vyakti chhe?
16. आपके कितने भाई-बहन हैं?	તમારા કેટલા ભાઈ-બહેન છે?	**Tamara ketla** bhai-bahen chhe?
17. बस में कितनी सीटें हैं?	બસમાં કેટલી સીટો છે?	Busma ketli sito chhe?
18. कितनी राशि देनी है?	કેટલી રકમ આપવી પડશે?	Ketli rakam aapvi padshe?
19. प्रति व्यक्ति आप क्या लेंगे?	પ્રતિ વ્યક્તિ તમે શું લેશો?	Prati vyakti tame shu lesho?
20. कितना दूध चाहिए?	કેટલું દૂધ જોઈએ?	Ketlu dudh joie?

(2) कौन सा/कौन सी
કયું/કઈ

Hindi	Gujarati	Transliteration
21. तुम्हारी छतरी कौन सी है?	તમારી છત્રી કઈ છે?	Tamari Chhatri kai chhe?
22. तुम रविवार को कौन सी फिल्म देखोगे?	તમે રવિવારે કઈ ફિલ્મ જોશો?	Tame ravivaare kai film josho?
23. कौन सा रास्ता ठीक है?	કયો રસ્તો ઠીક છે?	Kayo rasto thik chhe?
24. टिकट-घर कौन सा है?	ટિકિટઘર કયું છે?	Tikitghar kayu chhe?
25. तुम्हारी मन-पसंद पुस्तक कौन सी है?	તમારી મનપસંદ પુસ્તક કઈ છે?	Tamari manpasand pustak kai chhe?
26. किस प्लेटफॉर्म पर फ्रांटियर मेल आएगी?	કયા પ્લેટફૉર્મ પર ફ્રંટિયર મેલ આવશે?	Kaya platform per frontiar mel **aavshe**?

तीसवीं सीढ़ी - ૩૦મું પગથિયું

निषेधसूचक वाक्य

નિષેધસૂચક (નકારાત્મક) વાક્ય

निषेधसूचक वाक्य

(1) नहीं न–नहीं न कदापि नहीं नहीं कभी नहीं
નથી ના-નહીં ના ક્યારેય નહીં નહીં ક્યારેય નહીં

1. मेरे पिताजी की तबियत ठीक नहीं है।	મારા પિતાજીની તબિયત ઠીક નથી.	Mara pitajini tabiyat **thik nathi.**
2. हम मूर्ख नहीं हैं।	અમે મૂરખ નથી.	Ame murakh nathi.
3. मैं नहीं जानती आपने क्या कहा।	હું નથી જાણતી તમે શું કહ્યું.	Hu nathi jaanti tame **shu kahyu.**
4. मैं नहीं जानता वह कौन है।	હું નથી જાણતો તે કોણ છે.	Hu nathi jaanto te kon chhe.
5. नहीं, मैं नहीं समझा।	ના,હું ના સમજ્યો.	Na, hu na samjyo
6. मैं इस बारे में कुछ नहीं जानता।	હું આ વિશે કશું નથી જાણતો.	Hu aa vishe kashu nathi jaanto.
7. कोई बात नहीं।	કોઈ વાત નહીં.	Koi vaat nahi.
8. मैंने कुछ नहीं चाहा।	મેં કશું નથી ઈચ્છ્યું.	Me kashu nathi ichchhyu.
9. नहीं श्रीमान्, साहब अभी नहीं आए हैं।	ના શ્રીમાન, સાહેબ હજુ આવ્યા નથી.	Na shriman, saheb haju aavya nathi.
10. आम रास्ता नहीं।	આમ રસ્તો નથી.	Aam rasto nathi.
11. नहीं, मुझे सिरदर्द है।	ના, મને માથું દુઃખે છે.	Na, mane mathu **dukhe chhe**.
12. नहीं, बिल्कुल नहीं।	ના, બિલકુલ નહીં.	Na, bilkul nahi.
13. वह विश्वासपात्र नहीं है।	તે વિશ્વાસપાત્ર નથી.	Te vishwaspatra nathi.
14. भौंकते हुए कुत्ते कभी नहीं काटते।	ભસતાં કુતરાં ક્યારેય નથી કરડતાં.	Bhasta kutra kyarey karadta nathi.
15.किसी ने ऐसा असभ्य	કોઈએ એવો અસભ્ય	Koie evo asabhya

व्यक्ति नहीं देखा है।	વ્યક્તિ નથી જોયો.	vyakti nathi joyo
16. इसे मत छुओ।	આને અડકો નહીં.	Aane adko nahi.

(2)प्रश्न-सहित निषेधसूचक वाक्य

પ્રશ્ન-સહિત નકારાત્મક વાક્ય

17. मैं कूद सकता हूं। क्या नहीं?	હું કૂદી શકું છું. કેમ નહીં?	Hu kudi shaku chhu. kem nahi?
18. हम समय पर लौट आएंगे। क्या नहीं?	આપણે સમય પર પાછા આવીશું. કેમ નહીં?	Aapne samay per pachha aavishu. kem nahi?
19. वे अवश्य आयेंगे। क्या नहीं?	તે અવશ્ય આવશે. કેમ નહીં?	Te avashya aavshe. **kem nahi**?
20. वे मूर्ख हैं। क्या नहीं?	તે મૂરખ છે. કેમ નહીં?	Te murakh chhe. Kem nahi?
21. तुम्हें दूसरों को गाली नहीं देनी चाहिए। देनी चाहिए?	તારે બીજાને ગાળ ના આપવી જોઈએ. આપવી જોઈએ?	Tare bijane gaal na aapvi joie. aapvi joie?
22. तुम्हें सिगरेट बिल्कुल नहीं पीनी चाहिए। पीनी चाहिए?	તારે સિગારેટ બિલકુલ ના પીવી જોઈએ. પીવી જોઈએ?	Tare sigarat bilkul na pivi joie. Pivi joie?
23. दूध काफी है। क्या नहीं?	દૂધ પર્યાપ્ત છે. કેમ નહીં?	Dudh paryapt chhe. kem nahi?
24. क्या तुम अपना रूमाल नहीं ढूंढ़ सकते?	શું તું પોતાનો રૂમાલ નથી શોધી શકતો?	Shu tu potano rumal nathi shodhi sakto?
25. क्या वह इससे अच्छा काम नहीं कर सकता था?	શું તે આનાથી સારું કામ ના કરી શકતો હતો?	Shu te aanathi saaru kaam na kari sakto hato?
26. क्या तुम हमें मिलने नहीं आ सकते थे?	શું તમે અમને મળવા આવી શકતા ન હતા?	Shu tame amne malva aavi sakta na hata?
27. क्या तुम अब घूमने नहीं जा रहे हो?	શું તમે હવે ફરવા નથી જઈ રહ્યા?	Shu tame have farva nathi jai rahya?
28. क्या मुझे तुमको दुबारा बताना पड़ेगा।	શું મારે તમને ફરીથી બતાવવું પડશે?	Shu mare tamne farithi batavvu padshe?

भाग-४ :
स्थिति सूचक वाक्य

इक्तीसवीं सीढ़ी - ૩૧મું પગથિયું

घर में
ઘરમાં

1. आपने बड़े दिनों के बाद दर्शन दिए।	તમે ઘણાં દિવસો પછી દર્શન આપ્યા.	**Tame ghana divso** pachhi darshan aapya.
2. आप कैसे पधारे?	તમે અહીં શા માટે આવ્યા છો?	**Tame ahin sha mate** aavya chho?
3. आपने कैसे कष्ट किया।	તમે કેવી રીતે કષ્ટ કર્યું?	**Tame kevi rite kasht** karyu?
4. मुझे आपसे सलाह लेनी है।	મારે તમારાથી સલાહ લેવી છે.	Mare tamarathi salah levi chhe.
5. इस विषय में आपका क्या विचार है?	આ વિષયમાં તમારો શું વિચાર છે?	Aa vishayma tamaro shu vichar chhe?
6. मैं किसी आवश्यक काम से आया हूं।	હું કોઈ જરૂરી કામથી આવ્યો છું.	Hu koi jaruri kaamthi aavyo chhu.
7. उसे तुमसे एक काम था।	એને તમારાથી એક કામ હતું.	Ene tamarathi ek kaam hatu.
8. फिर कभी आना।	ફરી ક્યારેક આવજો.	Fari kyarek aavjo.
9. आप दोनों आना।	તમે બંને આવજો.	**Tame banne aavjo.**
10. वचन दो कि अवश्य आओगे।	વચન આપો કે જરૂર આવશો.	Vachan aao ke jarur aavsho.
11. मैं आपका नाम भूल गया हूं।	હું તમારું નામ ભૂલી ગયો છું.	Hu tamaru naam bhuli gayo chhu.
12. आप पहचाने नहीं जाते।	તમે ઓળખાતા નથી.	**Tame olakhta nathi.**

13. आज प्रातः मेरी आंख जल्दी खुली।	આજે સવારે મારી આંખ જલ્દી ખુલી.	**Aaje savare mari an**khjaldi khuli.
14. मैंने आपको जगाना उचित नहीं समझा।	મેં તમને જગાવવાનું યોગ્ય ના સમજ્યું.	Me tamne jagavvanu yogya na samjyu.
15. आप अभी तक जाग रहे हैं क्या?	તમે હજુ સુધી જાગી રહ્યા છો, શું?	Tame haju suthi jaagi rahya chho, shu?
16. मैं तनिक विश्राम कर लूं।	હું સહેજ આરામ કરી લઉં.	Hu sahej aaram kari lau.
17. उन्हें आराम करने दीजिए।	એમને આરામ કરવા દો.	Emne aaram karva do.
18. मैं फिर कभी आउंगा।	હું ફરી ક્યારેક આવીશ.	Hu fari kyarey **aavish.**
19. मुझे नींद आ रही है।	મને ઊંઘ આવી રહી છે.	Mane ungh aavi rahi chhe.
20. बस अब आराम करो।	બસ, હવે આરામ કરો.	Bas, have aaram karo.
21. मुझे गहरी नींद आयी है।	મને ઊંડી ઊંઘ આવી છે.	Mane undi ungh **aavi chhe.**
22. कृपया मुझे उसके आने की खबर दे दें।	કૃપયા મને એના આવવાની ખબર આપી દો.	Krupaya mane ena aavvani khabar aapi do.
23. वह बहुत पहले चला गया है।	તે ખૂબ પહેલાં ચાલ્યો ગયો છે.	Te khub pahela chalyo gayo chhe.
24. आप क्यों नहीं गए?	તમે કેમ ના ગયા?	**Tame kem na** gaya?
25. मैं किसी आवश्यक काम के कारण नहीं जा सका।	હું કોઈ જરૂરી કામને કારણે ના જઈ શક્યો.	Hu koi jaruri kaamne karane na jai shakyo.

26. आप परसों क्यों नहीं आए?	તમે પરમ દિવસે કેમ ના આવ્યા?	**Tame paramdivse** kem na aavya?
27. एक जरूरी काम आ पड़ा था।	એક જરૂરી કામ આવી પડ્યું હતું.	Ek zaruri kaam aavi **padyu hatu.**
28.मैं सुबह का घर से निकला हूं।	હું સવારનો ઘરથી નિકળ્યો છું.	Hu savarno gharthi niklyo chhu.
29. वे घर पर मेरी प्रतीक्षा कर रहे होंगे।	તેઓ ઘર પર મારી રાહ જોઈ રહ્યા હશે.	**Teo ghar per mari** raah joi rahya hashe.
30. मैं अब और नहीं रुक सकती।	હું હવે વધારે નથી રોકાઈ શકતી.	Hu uave vadhare nathi rokai shakti.
31. अच्छा विदा, फिर मिलेंगे।	સારું આવજો, ફરી મળીશું.	Saru, aavjo, fari malishu.

बत्तीसवीं सीढ़ी - ૩૨મું પગથિયું

खरीदारी
ખરીદદારી

1. सेन्ट्रल मार्केट कहां है?	સેન્ટ્રલ માર્કેટ ક્યાં છે?	Sentral market kya chhe?
2. मेरे साथ चलो, मैं वहीं जा रहा हूं।	મારી સાથે ચાલો, હું ત્યાં જ જઈ રહ્યો છું.	Mari sathe chalo, hu tya j jai rahyo chhu.
3. मैं कुछ कपड़े खरीदना चाहता हूं।	હું કેટલાંક કપડાં ખરીદવા ઇચ્છું છું.	Hu ketlaank kapada kharidva ichchhu chhu.
4. सस्ती और सबसे अच्छी दुकान कौन-सी है?	સસ્તી અને સૌથી સારી દુકાન કઈ છે?	Sasti ane Sauthi sari dukan kai chhe?
5. आपके पास कितने रुपये हैं?	તમારી પાસે કેટલા રૂપિયા છે?	**Tamari pase kelta** rupiya chhe?
6. अपनी आय से अधिक खर्च न कीजिए।	પોતાની આવકથી વધારે ખર્ચ ના કરો.	Potani aavakthi vadhare kharch na karo.

7. क्या एक दाम है।	શું એક જ ભાવ છે?	Shu ek j bhav chhe?
8. कम से कम दाम बताइए।	ઓછાથી ઓછા ભાવનું બતાવો.	Ochhathi ochha bhavnu batao.
9. क्या आप यह सत्तर रुपये में देंगे?	શું તમે આ સિત્તેર રૂપિયામાં આપશો?	Shu tame aa sitter rupiyama aapsho?
10.रुपये गिन लीजिए।	રૂપિયા ગણી લો.	Rupiya gani lo.
11. बाकी पैसे दे दो।	બાકી પૈસા આપી દો.	Baki paisa aapi do.
12. आप जुराबें बेचते हैं क्या?	તમે મોજા વેચો છો?	**Tame moja vecho** chho?
13. यह खरीद लीजिए।	આ ખરીદી લો.	Aa kharidi lo.
14. मुझे और कोई किस्म दिखाओ।	મને બીજો કોઈ પ્રકાર બતાવો.	Mane bijo koi prakar batavo.
15. मुझे यह नहीं चाहिए।	મારે આ નથી જોઈતું.	Mare aa nathi joitu.
16. इतना कीमती नहीं।	આટલું કિમતી નહીં.	Aatlu kimti nahi.
17. मुझे इस रंग का नहीं चाहिए।	મને આ રંગનું નથી જોઈતું.	Mane aa rangnu nathi joitu.
18. इसका रंग उड़ा हुआ है।	આનો રંગ ઉડેલો છે.	Aano rang udelo chhe.
19. यह अच्छा है।	આ સરસ છે.	Aa saras chhe.
20. यह बहुत महंगा है।	આ ખૂબ મોંઘું છે.	Aa khub monghu chhe.
21. बिल्कुल सस्ता।	બિલકુલ સસ્તું.	Bilkul sastu.
22. क्या यह सिकुड़ेगा।	શું આ સંકોચાશે?	Shu aa sankochashe?
23. क्या आप जूतों की दुकान बतला सकते हैं?	શું તમે ચપ્પલોની દુકાન બતાવી શકો છો?	Shu tame chapploni dukan batavi shako chho?
24. बाटा के जूते विश्वास के योग्य हैं।	બાટાના ચપ્પલ વિશ્વાસ યોગ્ય છે.	Batana chappal vishwas yogya chhe.
25. क्या हम आपके लिए मंगवा दें?	શું અમે તમારા માટે મંગાવી દઈએ?	Shu ame tamara mate mangavi daie?
26. क्या वह दुकान दूर है?	શું તે દુકાન દૂર છે?	Shu te dukan dur chhe?
27. एक जोड़े की क्या कीमत है?	એક જોડીની કિમત શું છે?	Ek jodini kimat shu chhe?

28. मेरा बिल कहां है?	મારું બિલ ક્યાં છે?	Maru bil kya chhe?
29. भुगतान करने का काउंटर कौन सा है?	ચુકવણી કરવાનું કાઉન્ટર કયું છે?	Chukvani karvanu counter kayu chhe?
30. कृपया मुझे अधिकतम कमीशन दीजिए।	કૃપા કરીને મને વધારે કમીશન આપો.	Krupa karine mane vadhare kamison aapo.
31. भूल चूक सुधार ली जायेगी।	ભૂલચૂક સુધારી લેવામાં આવશે.	Bhulchuk sudari levama aavshe.

तैंतीसवीं सीढ़ी - ૩૩મું પગથિયું

दस्तकार
કારીગરો

(1) मोची મોચી

1. तुमने मेरे जूते मरम्मत कर दिए हैं क्या?	તમે મારા બૂટની મરમ્મત કરી દીધી, શું?	Tame mara butni marammat kari didhi, shu?
2. मैं अपने जूतों पर सोल लगवाना चाहता हूं।	હું પોતાના બૂટમાં સોલ લગાવવા ઇચ્છું છું.	Hu potana butma sol lagavva ichchhu chhu.
3. आप सोल लगाने का क्या लेते हैं?	તમે સોલ લગાવવાનું શું લો છો?	Tame sol lagavvanu shu lo chho?
4. कील मत लगाइए, सिलाई कीजिए।	ખિલ્લી ના લગાવો, સિલાઈ કરો.	Khilli na lagavo, silai karo.
5. मुझे सफेद तस्मे चाहिए।	મને સફેદ દોરીઓ જોઈએ.	Mane safed dorio joiye.

(2) घड़ीबाज़ ઘડિયાળ રિપેર કરનાર

6. आपकी घड़ी में क्या खराबी है?	તમારી ઘડિયાળમાં શું ખરાબી છે?	Tamari ghadiyalma shu kharabi chhe?
7. मेरी घड़ी आठ मिनट आगे हो जाती है।	મારી ઘડિયાળ આઠ મિનિટ આગળ થઈ જાય છે.	Mari ghadiyal aath minit aagal thayee jaay chhe.

8. वह घड़ी चौबीस घंटों में छह मिनट पीछे हो जाती है।	તે ઘડિયાળ ચોવીસ કલાકોમાં છ મિનિટ પાછળ થઈ જાય છે.	Te ghadiyal chovis kalakoma chh minit pachhal thai jaay chhe.
9. क्या यह तुमसे गिर गई थी?	શું આ તમારાથી પડી ગઈ હતી?	Shu aa tamarathi padi gayee hati?
10. इस घड़ी की सुई गिर गयी है।	આ ઘડિયાળનો કાંટો બગડી ગયો છે.	Aa ghadiyalno kaanto bagdi gayo chhe.
(3) दर्जी દરજી		
11. क्या यहां किसी अच्छे दर्जी की दुकान है।	શું અહીંયા કોઈ સારા દરજીની દુકાન છે.	Shu ahinya koi sara darzini dukan chhe?
12. मैं एक सूट सिलवाना चाहता हूं।	હું એક સૂટ સિવડાવવા ઇચ્છું છું.	Hu ek sut sivdavva ichchhu chhu.
13. क्या आप ढीली फिटिंग पसंद करते हैं।	શું તમે ઢીલી ફિટિંગ પસંદ કરો છો.	Shu tame dhili fiting pasand karo chho.
14. नहीं, मैं चुस्त फिटिंग पसंद करता हूं।	ના, હું ચુસ્ત ફિટિંગ પસંદ કરું છું.	Na, hu chust fiting pasand karu chhu.
15. क्या कमीज़ सिल गयी?	શું ખમીસ સિવાઇ ગયું?	Shu khamis sivai gayu?
16. हां, केवल इस्तरी करना शेष है।	હા, ફક્ત ઇસ્ત્રી કરવાની બાકી છે.	Ha, fakt isstri karvani baaki chhe.
(4) नाई હજામ		
17. मुझे कितनी देर इंतजार करना पड़ेगा?	મારે કેટલો સમય રાહ જોવી પડશે?	Mare ketlo samay raah jovi padshe?
18. आप एक सफाचट्ट शेव का क्या लेते हैं?	તમે એક સાફ દાઢી બનાવવાનું શું લો છો?	Tame ek saaf dadhi banavvanu shu lo chho?
19. कृपया उस्तरा तेज़ कर लीजिए।	કૃપા કરીને અસ્ત્રો તેજ કરી લો.	Krupa karine astro tej kari lo.
20. तुम्हारा उस्तरा कुंद है।	તમારો અસ્ત્રો બૂઠ્ઠો છે.	Tamaro astro buththo chhe.
21. मेरे बाल काटिए, पर बहुत छोटे नहीं।	મારા વાળ કાપો, પણ વધારે નાના નહીં.	Mara vaal kapo, pan vadhare nana nahi.
(5) पंसारी કરિયાણાવાળો		
22. यह उचित दर की दुकान है।	આ યોગ્ય દરની દુકાન છે.	Aa yogya darni dukan chhe.

	Hindi	Gujarati	Transliteration
23.	‘एक दाम’ और ‘उधार नहीं’ ये हमारे उसूल हैं।	‘એક જ ભાવ’ અને ‘ઉધાર નહીં’ આ અમારા નિયમ છે.	Ek j bhav ane Udhar nahi- aa amara niyam chhe.
24.	हम घर पर सामान पहुंचा देते हैं।	અમે ઘર પર સામાન પહોંચાડી દઈએ છીએ.	Ame ghar per saman pahochadi daiye chhie.
25.	कृपया मुझे 1 किलो देसी घी दीजिए।	કૃપા કરીને મને ૧ કિલો દેશી ઘી આપો.	Krupa karine mane 1 kilo desi ghi aapo.
26.	कितने पैसे हुए?	કેટલા પૈસા થયા?	Ketla paisa thaya?

(6) ड्राईक्लीनर/धोबी ડ્રાયક્લીનર/ધોબી

	Hindi	Gujarati	Transliteration
27.	मुझे ये कपड़े एक सप्ताह में चाहिए।	મને આ કપડાં એક અઠવાડિયામાં જોઈએ.	Mane aa kapda ek athvadiyama joiye.
28.	मैं यह सूट ड्राइक्लीन कराना चाहता हूं।	હું આ સૂટ ડ્રાયક્લીન કરાવવા ઇચ્છું છું.	Hu aa sut drayklin karavva ichchhu chhu.
29.	यह कमीज ठीक से नहीं धुली है।	આ ખમીસ બરાબર ધોવાયેલું નથી.	Aa khamis barabar dhovayelu nathi.
30.	ये रेशमी कपड़े हैं। इन्हें सावधानी से धोना।	આ રેશમી કપડાં છે. એમને સાવધાનીથી ધોજો.	Aa rashmi kapda chhe. Emne savdhanithi dhojo.
31.	पैंटें ठीक से इस्तरी नहीं हुई हैं।	પાટલૂનો ઠીકથી ઇસ્ત્રી નથી થયા.	Patluno thikthi isstri nathi thaya.
32.	इन्हें वापिस ले जाओ।	એમને પાછા લઈ જા.	Emne pachha lai ja.
33.	तुम अधिक पैसे लगाते हो।	તારા ભાવ બહુ વધારે છે.	Tara bhav bahu vadhare chhe.
34.	बेशक, हम काम भी समय पर करते हैं।	બિલકુલ, અમે સમય પર કામ કરી આપીએ છીએ.	Bilkul, ame samayper kaam kari aapi chhie.

चौंतीसवीं सीढ़ी - ૩૪મું પગથિયું

खाद्य एवं पेय

ખાદ્યસામગ્રી અને પીણાં

	Hindi	Gujarati	Transliteration
1.	मुझे भूख लग रही है।	મને ભૂખ લાગી રહી છે.	Mane bhukh lagi rahi chhe.

2. मुझे अच्छा खाना कहां मिल सकता है?	મને સારું ખાવાનું ક્યાં મળી શકે છે?	Mane saru khavanu kya mali shake chhe?
3. चलो खाना खायें।	ચાલો, ખાવાનું ખાઈએ.	Chalo, khavanu khaie
4. आप क्या खायेंगे?	તમે શું ખાશો?	**Tame shu khasho**?
5. मुझे मीनू दीजिए।	મને મેનૂ આપો.	Mane menu aapo.
6. नाश्ता तैयार कीजिए।	નાશ્તો તૈયાર કરો.	Nashto taiyar chhe.
7. आज आप हमारे साथ खाना खाइए।	આજે તમે અમારી સાથે જમજો.	**Aaje tame amari** sathe jamjo.
8. क्या आपके पास कोई विशेष आहार है?	શું તમારી પાસે કોઈ વિશેષ આહાર છે?	Shu tamari pase koi vishes ahar chhe?
9. आपको मीठी चीज पसंद है या नमकीन?	તમને મીઠી વસ્તુ પસંદ છે કે નમકીન?	**Tamne mithi vastu** pasand chhe ke namkin?
10. मुझे गुजराती भोजन दीजिए।	મને ગુજરાતી ભોજન આપો.	Mane Gujarati bhojan aapo.
11. मुझे नमक और मिर्च दीजिए।	મને મીઠું અને મરચું આપો.	Mane mithu ane marchu aapo.
12. आम मेरा प्रिय फल है।	કેરી મારું પ્રિય ફળ છે.	**Keri maru priy** fal chhe.
13. आप क्या खाना पसंद करेंगे- देशी या विदेशी भोजन?	તમે શું ખાવાનું પસંદ કરશો- દેશી કે વિદેશી ભોજન?	**Tame shu khavanu** pasand karsho-deshi ke videshi bhojan?
14. आप पेय कौन-सा पसंद करेंगे-कैम्पा या लिम्का?	તમે પીણું કયું પસંદ કરશો- કેમ્પા કે લિમ્કા?	**Tame pinu kayu** pasand karso - Kampa ke Limka?
15. मुझे एक कप कॉफी दीजिए।	મને એક કપ કૉફી આપો.	Mane ek kup kofi aapo.
16. क्या आप शराब लेंगे?	શું તમે દારૂ લેશો?	Shu tame daru lesho?
17. नहीं श्रीमान्, मैं बियर पीऊंगा।	ના શ્રીમાન, હું બિયર પીશ.	Na shriman, Hu biyar pish.
18. थोड़ा पानी और दीजिए।	થોડું વધારે પાણી આપો.	Thodu vadhare paani aapo.

19. मैं शाकाहारी हूं, मैं मांसाहारी आहार नहीं खा सकता।	હું શાકાહારી છું. હું માંસાહારી આહાર નથી ખાઈ શકતો.	Hu shakahari chhu, hu mansahari ahar nathi khai shakto.
20. खाना परोस दिया गया है।	ખાવાનું પિરસી દેવામાં આવ્યું છે.	Khavanu pirsi devama aavyu chhe.
21. खाना बहुत स्वादिष्ट बना है।	ખાવાનું ખૂબ સ્વાદિષ્ટ બન્યું છે.	Khavanu khub swadist banyu chhe.
22. आपने तो कुछ खाया ही नहीं।	તમે તો કશું ખાધું જ નહીં.	**Tame to kashu khadhu** j nahi.
23. कोई क्षुधावर्धक पेय दीजिए।	કોઈ એપેટાઈઝર પીણું આપો.	Koi epetizer pinu aapo.
24. मुझे एक दावत में जाना है।	મને એક મિજબાનીમાં જવાનું છે.	Mane ek mijbaanima javanu chhe.
25. हमारे लिए कुछ दूध लाओ।	અમારા માટે થોડું દૂધ લાવો.	Amara mate thodu dudh lavo.
26. दूध में चीनी कम डालिए।	દૂધમાં ખાંડ ઓછી નાંખો.	Dudhma khand ochhi naankho.
27. लो, शर्बत पीओ।	લો, શરબત પીઓ.	Lo, sharbat pio.
28. थोड़ा और लीजिए।	થોડું વધારે લો.	Thodu vadhare lo.
29. एक कप चाय लीजिए।	એક કપ ચા લો.	Ek kap cha lo.
30. मुझे चाय अच्छी नहीं लगती।	મને ચા સારી નથી લાગતી.	Mane cha sari nathi lagti.
31. धन्यवाद, मैं बड़ा तृप्त हो गया हूं।	આભાર, હું બહુ જ તૃપ્ત થઈ ગયો છું.	Aabhar, hu bahu j trupt thai gayo chhu.
32. बिल लाइए।	બિલ લાવો.	Bil **lavo.**
33. क्या इसमें सेवा-राशि लगा दी गई है?	શું આમાં સેવાદર લગાવેલો છે?	Shu aama sevadar lagavelo chhe?
34. नहीं श्रीमान्, वह अलग है।	ના શ્રીમાન, તે અલગ છે.	Na shriman! te alag chhe.
35. मुझे हाथ धुलाइये।	મને હાથ ધોવડાવો.	Mane hath dhovdavo.

पैंतीसवीं सीढ़ी - ૩૫મું પગથિયું

होटल एवं रेस्तरां
હોટેલ અને રેસ્ટોરાં

1. इस शहर का सबसे अच्छा होटल कौन सा है?	આ શહેરમાં સૌથી સારી હોટેલ કઈ છે?	Aa shaherma sauthi sari hotel kai chhe?
2. मुझे गुसलखाने के साथ लगा एक बिस्तर वाला कमरा चाहिए।	મને એક બાથરૂમ સાથે એક પથારીવાળો રૂમ જોઈએ.	Mane ek bathroom sathe ek pathariwalo room joie.
3. यह कमरा क्या आपको पसंद है?	આ રૂમ શું તમને પસંદ છે?	Aa room shu tamne pasand chhe?
4. इस कमरे का एक दिन का किराया कितना है?	આ રૂમનું એક દિવસનું ભાડું કેટલું છે?	Aa roomnu ek divasnu bhadu ketlu chhe?
5. मैं दो सप्ताह तक ठहरूंगा।	હું બે અઠવાડિયા સુધી રહીશ.	Hu be athvadiya **sudhi rahish.**
6. इस कमरे का किराया तीस रुपये प्रतिदिन है।	આ રૂમનું ભાડું ત્રીસ રૂપિયા પ્રતિદિવસ છે.	Aa roomnu bhadu tris rupiya pratidivas chhe.
7. क्या मैं गर्म पानी से नहा सकता हूं?	શું હું ગરમ પાણીથી ન્હાઈ શકું છું?	Shu hu garam panithi nahai shaku chhu?
8. बैरे को मेरे कमरे में भेजिए।	વેઈટરને મારા રૂમમાં મોકલો.	Vaiter ne mara room ma moklo.
9. क्या मेरे लिए कोई पत्र है?	શું મારા માટે કોઈ પત્ર છે?	Shu mara mate koi patra chhe?
10. मुझे दूसरा कम्बल चाहिए।	મને બીજો ધાબળો જોઈએ છે.	Mane bijo dhablo joie chhe.
11. चादर बदल दीजिए।	ચાદર બદલી નાંખો.	Chadar badli nankho.
12. मुझे एक तकिया और चाहिए।	મને વધારે એક તકિયો જોઈએ.	Mane vadhare ek takiyo joie.
13. क्या मेरे लिए कोई फोन है?	શું મારા માટે કોઈ ફોન છે?	Shu mara mate koi phon chhe?

14. कृपया कमरा साफ करवा दीजिए।	કૃપા કરી, રૂમ સાફ કરાવી દો.	Krupa kari, room saf karavi do.
15. कृपया डाकखाने से कुछ डाक-टिकटें ला दीजिए।	કૃપા કરી, ડાકઘરથી કેટલીક ટપાલ-ટિકિટો લાવી આપો.	Krupa kari, dakghar thi ketlik tapal-tikito laavi aapo.
16. मेरे लिए कुछ फल ले आना।	મારા માટે થોડાં ફળ લઈ આવજો.	Mara mate thoda fal lai aavjo.
17. कृपया दोपहर का भोजन एक बजे और रात का भोजन नौ बजे दीजिए।	કૃપા કરી, બપોરનું ભોજન ૧ વાગ્યે અને રાત્રિનું ભોજન ૯ વાગ્યે આપજો.	Krupa kari, bapornu bhojan 1 vagye ane ratrinu bhojan 9 vagye aapjo.
18. दोपहर और रात के भोजन के कितने पैसे लगेंगे?	બપોર અને રાતનાં ભોજનનાં કેટલા પૈસા લાગશે?	Bapor ane raatna bhojanna ketla paise lagshe?
19. हम प्रत्येक खुराक के सात रुपये लेते हैं।	અમે પ્રત્યેક ભોજનનાં સાત રૂપિયા લઈએ છીએ.	Ame pratyek bhojanna saat rupiya laiye chhie.
20. क्या आपके यहां तैरने के लिए तालाब है?	શું તમારે ત્યાં તરવા માટે સ્નાનાગર છે?	Shu tamare tya tarva mate snanaghar chhe?
21. क्या तैरने का अलग से लेते हैं?	શું તરવાનો ચાર્જ અલગથી લો છો?	Shu tarvano charge alagthi lo chho?
22. क्या होटल चौबीस घंटे खुला रहता है।	શું હોટેલ ચોવીસ કલાક ખુલ્લી રહે છે.	Shu hotel chovis kalak khulli rahe chhe?
23. मैं कल सुबह जल्दी चला जाऊंगा।	હું કાલે સવારે જલ્દી ચાલ્યો જઈશ.	Hu kaale savare jaldi chalyo jaish.
24. बिल लाइए।	બિલ લાવો.	Bil lavo.
25. इस बिल में गलती है।	આ બિલમાં ભૂલ છે.	Aa bilma bhul chhe.
26. मैंने कभी शराब नहीं मंगाई।	મેં ક્યારેય દારૂ નથી મંગાવી.	Me kyarey daru nathi mangavi.
27. आपने बिल में गलती से शराब के पैसे लगा दिए हैं।	તમે બિલમાં ભૂલથી દારૂના પૈસા લગાવી દીધા છે.	**Tame bilma bhulthi** daruna paisa lagavi didha chhe.
28. सामान उठाने वाले को बुलाइए।	સામાન ઊઠાવવાવાળાને બોલાવો.	Saman uthavvawalane bolavo.
29. क्या आप चेक लेते	શું તમે ચેક લો છો.	Shu tame chek lo

Hindi	Gujarati	Transliteration
हैं?		chho?
30. नहीं, हम केवल नकद लेते है।	ના, અમે ફક્ત રોકડા લઈએ છીએ.	Na, ame fakt rokda laiye chhie.
31. कृपया मेरे लिए टैक्सी मंगाइए।	કૃપા કરી મારી ટેક્સી મંગાવો.	Krupa kari mari teksi mangavo.
32. कृपया एयरपोर्ट पर फोन करके दिल्ली की फ्लाइट का समय पूछिए।	કૃપા કરી એરપોર્ટ પર ફોન કરીને દિલ્લીની ફ્લાઈટનો સમય પૂછો.	Krupa kari erport per phon karine dillini flaitno samay puchho.
33. मैं अगले माह फिर आऊंगा।	હું આગલા મહીને ફરી આવીશ.	Hu aagla mahine **fari aavish.**
34. बेहतरीन सुविधाओं के लिए आपका धन्यवाद।	ઉત્તમ સુવિધાઓ માટે તમારો આભાર.	Uttam suvidhao mate tamaro aabhar.
35. आपका स्वागत है, श्रीमान।	તમારું સ્વાગત છે, શ્રીમાન.	**Tamaru swagat chhe,** shriman!

छत्तीसवीं सीढ़ी-૩૬મું પગથિયું

डाकघर/टेलीफोन/बैंक
ડાકઘર/ટેલીફોન/બેંક

डाकघर ડાકઘર

Hindi	Gujarati	Transliteration
1. डाकघर किधर है?	ડાકઘર ક્યાં છે?	Dak-ghar kya chhe?
2. कृपया इस पार्सल का भार तौलिए।	કૃપયા, આ પાર્સલને તોલો.	Krupya, aa parsalne tolo.
3. मैं मनीऑर्डर द्वारा कुछ पैसे भेजना चाहता हूं।	હું મનીઑર્ડર દ્વારા કેટલાંક પૈસા મોકલવા ઇચ્છું છું.	Hu maniorder dwara ketlaank paisa moklva ichchhu chhu.
4. मैं केवल दो सौ रुपये जमा कराना चाहता हूं।	હું ફક્ત બસ્સો રૂપિયા જમા કરાવવા ઇચ્છું છું.	Hu fakt basso rupiya jama karavwa ichchhu chhu.

5. मैं केवल तीन सौ रुपये निकलवाना चाहता हूं।	મારે ફક્ત ત્રણસો રૂપિયા ઉપાડવા છે.	Mare fakt transo rupiya upadva chhe.
6. कृपया मुझे एक अंतर्देशीय पत्र दीजिए।	કૃપયા મને એક આંતર્દેશીય પત્ર આપો.	Krupaya mane ek antardeshiy patra aapo.
7. एक लिफाफे की क्या कीमत है?	એક પરબીડિયાની શું કિંમત છે?	Ek parbidiyani shu kimat chhe?
8. मैं इसे रजिस्टर्ड डाक द्वारा भेजना चाहता हूं।	હું આને રજિસ્ટર્ડ ટપાલ દ્વારા મોકલવા ઇચ્છું છું.	Hu aane rajisterd tapal dwara moklva ichchu chhu.
9. मैं एक पोस्ट कार्ड के लिए कितने पैसे दूं?	હું એક પોસ્ટકાર્ડના કેટલા પૈસા આપું?	Hu ek postkardna ketla paisa aapu?
10. कृपया मुझे एक रुपये की डाक-टिकट दीजिए।	કૃપયા મને એક રૂપિયાની ટપાલ-ટિકિટ આપો.	Krupya mane ek rupiyani tapal-tikit aapo.
11. मैं एक टेलीग्राम देना चाहता हूं।	હું એક ટેલીગ્રામ આપવા ઇચ્છું છું.	Hu ek teligram aapva ichchhu chhu.
12. मैं तार द्वारा पैसे भेजना चाहता हूं।	હું તાર દ્વારા પૈસા મોકલવા ઇચ્છું છું.	Hu tar dwara paisa moklva ichchhu chhu.
13. कृपया मुझे फ्रांस के लिए डाक-पत्र दीजिए।	કૃપયા મને ફ્રાંસ માટે ટપાલ-પત્ર આપો.	Krupya mane frans mate tapal-patra aapo.
14. कृपया मुझे टेलीफोन डायरेक्टरी देना।	કૃપયા મને ટેલીફોન ડીરેક્ટરી આપજો.	Krupya mane telephon **directory aapjo.**

टेलीफोन (दूरभाष) ટેલીફોન

15. मैं टेलीफोन कहां से कर सकता हूं?	હું ક્યાંથી ટેલીફોન કરી શકું છું?	Hu kyathi teliphone kari shaku chhu?
16. यह टेलीफोन खराब है।	આ ટેલીફોન ખરાબ છે.	Aa teliphone kharab chhe.
17. मैं एक ट्रंक काल भुवनेश्वर करना चाहती हूं।	હું એક ટ્રંક કૉલ ભુવનેશ્વર કરવા ઇચ્છું છું.	Hu ek trank kol Bhubaneshwar karva ichchhu chhu.

Hindi	Gujarati	Transliteration
18. हेलो! मैं आभा बोल रही हूं।	હેલો! હું આભા બોલી રહી છું.	Helo! hu Aabha boli rahi chhu.
19. मीनाक्षी को बुला दीजिए।	મીનાક્ષીને બોલાવી દો.	Minakshine bolavi do.
20. हेलो, मीनाक्षी बोल रही हूं।	હેલો, મીનાક્ષી બોલી રહી છું.	Helo, Minakshi boli rahi chhu.
21. कृपया आठ बजे फोन कीजिए।	કૃપયા આઠ વાગ્યે ફોન કરો.	Krupaya aath vagye phon karo.

बैंक બેંક

Hindi	Gujarati	Transliteration
22. इंडियन ओवरसीज़ बैंक कहां है?	ઇન્ડિયન ઓવરસીઝ બેંક ક્યાં છે?	Indian Ovarsiz Bank kya chhe?
23. क्या मैं मैनेजर से मिल सकता हूं?	શું હું મેનેજરથી મળી શકું છું?	Shu hu managerthi mali shaku chhu?
24. मैं एक बचत खाता खोलना चाहता हूं।	હું એક બચતખાતું ખોલાવવા ઇચ્છું છું.	Hu ek bachatkhatu kholavva ichchhu chhu.
25. कृपया मेरी फर्म के नाम एक चालू खाता खोलिए।	કૃપયા મારી કંપનીના નામે એક ચાલૂ ખાતું ખોલો.	Krupaya mari kampanina naame ek chalu khatu kholo.
26. मैं पैसे जमा कराना चाहता हूं।	હું પૈસા જમા કરાવવા ઇચ્છું છું.	Hu paisa jama karavva ichchhu chhu.
27. मैं पैसे निकालना चाहता हूं।	હું પૈસા ઉપાડવા ઇચ્છું છું.	Hu paisa upadva ichchhu chhu.
28. कृपया एक खुला चैक दीजिए।	કૃપયા, એક કોરો ચેક આપશો.	Krupaya, ek koro chek aapso.
29. कृपया मुझे दस चैक वाली एक चैक बुक जारी कीजिए।	કૃપયા મને દસ ચેકવાળી એક ચેકબુક આપો.	Krupaya mane das chekwali ek chekbook aapo.
30. कृपया मेरे खाते की जमा राशि बताइए।	કૃપયા મારા ખાતાની જમા રકમ બતાવો.	Krupaya mara khatani jama rakam batavo.
31. कृपया मेरी पास बुक पूरी करके दें।	કૃપયા મારી પાસબુક પૂરી કરીને આપો.	Krupaya mare pass-buk puri karine aapo.
32. मुझे एक रंगीन टेलीविजन खरीदने के लिए ऋण चाहिए।	મારે એક રંગીન ટેલીવિઝન ખરીદવા માટે લોન જોઈએ.	Mare ek rangin telivizan kharidva mate lon joie.
33. मैं एजेंट से मिलना चाहता हूं।	હું એજેન્ટથી મળવા ઇચ્છું છું.	Hu ejentthi malva ichchhu chhu.

34. क्या मेरा कोई चैक वापिस आया है?	શું મારો કોઈ ચેક પાછો આવ્યો છે?	Shu maro koi chek pachho aavyo chhe?
35. इस बैंक की सेवा बड़ी अच्छी है।	આ બેંકની સેવા ખૂબ જ સારી છે.	Aa bankni seva Khubaj sari chhe.

सैंतीसवीं सीढ़ी - ૩૭મું પગથિયું

यात्रा करते समय
સફર/યાત્રા કરતા સમયે

1. मैं घुड़सवारी करने जा रहा हूं।	હું ઘોડેસવારી કરવા જઈ રહ્યો છું.	Hu godesavari karva jai rahyo chhu.
2. अस्तबल कहां है?	અસ્તબલ ક્યાં છે?	Astbal kya chhe?
3. मुझे थोड़ी देर के लिए उतरना है।	મારે થોડી વાર માટે ઉતરવું છે.	Mare thodivar mate utarvu chhe.
4. उसे चाबुक मत मारो।	એને ચાબુક ના મારો.	Ene chabuk na maro.
5. उसे थोड़ी घास दो।	એને થોડું ઘાસ આપો.	Ene thodu gaas aapo.
6. कांटे निकालो।	ખીલા કાઢી લો.	Khila kadhi lo.
7. मैं कार से जाना चाहता हूं।	હું કારથી જવા ઇચ્છું છું.	Hu carthi java ichchhu chhu.
8. इसका पहिया अच्छा नहीं है।	આનું પૈડું સારું નથી.	Aanu paidu saru nathi.
9. यह रास्ता किधर को जाता है?	આ રસ્તો ક્યાં જાય છે?	Aa rasto kya jaay chhe?
10. गाड़ी इधर रखो।	ગાડી અહીં રાખો.	Gadi ahin raakho.
11. वाहन खड़ा करना मना है।	વાહન ઊભું રાખવાની મનાઈ છે.	Vahan ubhu rakhvani manai chhe.
12. क्या इस ट्राम की पटरी रेलवे स्टेशन से होकर जाती है।	શું આ ટ્રામનાં પાટા રેલવે સ્ટેશન થઈને જાય છે.	Shu aa tramna pata relve stason thaine jaay chhe.

13. यह बस कब चलेगी?	આ બસ ક્યારે ચાલશે?	Aa bus kyare chalshe?
14. मुझे बताइए, हम कश्मीर कब पहुंचेंगे?	મને બતાવો, આપણે કાશ્મીર ક્યારે પહોંચીશું?	Mane batavo, aapne Kashmir kyare pahonchishu?
15. मैं शिकारा में सैर करना चाहता हूं।	હું શિકારામાં સહેલ કરવા ઇચ્છું છું.	Hu shikarama sahel karva ichchhu chhu.
16. टिकट मिलने की जगह कहां है?	ટિકિટ મળવાની જગ્યા ક્યાં છે?	Tikit malvani jagya kya chhe?
17. क्या वहां कोई दर्शनीय स्थल है?	શું ત્યાં કોઈ દર્શનીય સ્થળ છે?	Shu tya koi darshniy sthal chhe?
18. कृपा करके थोड़ा हट जाइए।	કૃપા કરીને થોડા હટી જાઓ.	Krupa karine thoda hati jaao.
19. आज मैं बम्बई जा रहा हूं।	આજે હું મુંબઈ જઈ રહ્યો છું.	**Aaje hu mumbai jai** rahyo chhu.
20. अगली गाड़ी कितने बजे छूटती है।	આગલી ગાડી કેટલા વાગ્યે છૂટે છે?	Aagli gaadi ketla vvagye chhute chhe?
21. सामान बुक करवाने का दफ्तर कहां है?	સામાન બુક કરાવવાની ઑફિસ ક્યાં છે?	Saman buk karavani office kya chhe?
22. सामान के लिए कितने पैसे देने हैं?	સામાન માટે કેટલા પૈસા આપવાના છે?	Saman mate ketla paisa aapvana chhe?
23. मेरा स्थान आरक्षित कर दीजिए।	મારું સ્થાન આરક્ષિત કરી દો.	Maru sthan aarakshit kari do.
24. प्लेटफार्म नं. 6 कहां है?	પ્લેટફૉર્મ નં. ૬ ક્યાં છે?	Platform no. 6 kya chhe?
25. पुल के उस पार।	પુલની પેલે પાર.	Pulni pele paar.
26. जमीन के नीचे के रास्ते से जाइए।	જમીનની નીચેનાં રસ્તાથી જાઓ.	Jaminni nichena rastathi jaao.
27. गाड़ी में खाने का डिब्बा है।	ગાડીમાં ખાવાનો ડબ્બો છે.	Gadima khavano dabbo chhe.
28. कोई सीट खाली नहीं है।	કોઈ સીટ ખાલી નથી.	Koi sit khali nathi.
29. बस में बहुत भीड़ है।	બસમાં ખૂબ જ ભીડ છે.	Busma khub j bhid chhe.
30. चलती बस से मत उतरिए।	ચાલતી બસથી ઉતરો નહીં.	Chalti busthi utro nahi

31. हमारी बस चल रही है।	અમારી બસ ચાલી રહી છે.	Amari bas chali rahi chhe.
32. बच्चे का कितना किराया लेते हैं?	બાળકોનું ભાડું કેટલું લો છો?	Balkonu bhadu ketlu lo chho?
33. मुझे हवाई अड्डे पर ले चलिए।	મને એરપોર્ટ પર લઈ ચાલો.	Mane erport per lai chalo.
34. कृपया सिंगापुर जाने और वापिस आने का टिकट दीजिए।	કૃપયા સિંગાપુર જવા અને આવવાની ટિકિટ આપો.	Krupaya Singapur java ane aavvani tikit aapo.
35. हमारा जहाज ठीक समय पर सिंगापुर पहुंच गया।	અમારું જહાજ ઠીક સમય પર સિંગાપુર પહોંચી ગયું.	Amaru jahaj thik samay per singapur pahonchi gayu.

अड़तीसवीं सीढ़ी - ૩૮મું પગથિયું

स्वास्थ्य एवं स्वास्थ्य रक्षा
સ્વાસ્થ્ય તેમજ સ્વાસ્થ્ય રક્ષા

1. स्वास्थ्य धन है।	સ્વાસ્થ્ય ધન છે.	Swasthya dhan chhe.
2. इलाज से परहेज बेहतर है।	સારવાર કરતાં પરેજ વધારે સારો છે.	Sarvar karta parej vadhare saro chhe.
3. वह बहुत थकी हुई है।	તે ખૂબ જ થાકી ગઈ છે.	Te khub j thaki gai chhe.
4. मेरा स्वास्थ्य गिर गया है।	મારું સ્વાસ્થ્ય કથળી ગયું છે.	Maru swasthya kathli gayu chhe.
5. वह स्वस्थ हो गया है।	તે સ્વસ્થ થઈ ગયો છે.	Te swasth thai gayo chhe.
6. मुझे नींद आ रही है।	મને ઊંઘ આવી રહી છે.	Mane ungh aavi rahi chhe.
7. हमें दिन में नहीं सोना चाहिए।	આપણે દિવસમાં ના સૂવું જોઈએ.	Aapne divasma na suvu joie.
8. आप टहलने चलेंगे न?	તમે સાથે ચાલવા આવશોને?	**Tame saathe** chalva aavsone?

9. वह कल से आज अच्छा है।	તે કાલ કરતાં આજે સારો છે.	Te kaal karta aaje saaro chhe.
10. आज मेरी तबियत ठीक नहीं।	આજે મારી તબિયત સારી નથી.	**Aaje mari tabiyat** saari nathi.
11. क्या तुम दवा नहीं लोगी?	શું તમે દવા નહીં લો?	Shu tame dava nahi lo?
12. आपके पिता जी कैसे हैं?	તમારા પિતાજી કેમ છે?	**Tamara pitaji kem** chhe?

डॉक्टर और रोगी ડૉક્ટર અને દરદી (રોગી)

13. मुझे अपनी नब्ज देखने दो।	મને તમારી નાડી જોવા દો.	Mane tamari naadi jova do.
14. मेरी तबियत खराब है।	મારી તબિયત ખરાબ છે.	Mari tabiyat kharab chhe.
15. बीमार का दिल कमजोर हो रहा है।	બીમારનું હૃદય કમજોર થઈ રહ્યું છે.	Bimarnu raday kamjor thai rahyu chhe.
16. मेरा हाजमा बिगड़ा हुआ है।	મારું પાચનતંત્ર બગડેલું છે.	Maru pachantantra bagdelu chhe.
17. उसका जी मतला रहा है।	એને ગભરામણ થાય છે.	Ene gabhraman thay chhe.
18. क्या तुम्हारा सिर चकरा रहा है?	શું તમને ચક્કર આવી રહ્યા છે?	Shu tamne chakkar aavi rahya chhe?
19. उसे अब कोई खतरा नहीं।	એને હવે કોઈ જોખમ નથી.	Ene have koi jokham nathi.
20. बच्चे का दांत निकल रहा है।	બાળકના દાંત નિકળી રહ્યા છે.	Balakna daant nikli rahya chhe.
21. तुमने कितनी खुराकें ली हैं?	તમે કેટલો ખોરાક લીધો છે?	Tame ketlo khorak lidho chhe?
22. मुझे सख्त कब्ज की शिकायत है।	મને સખત કબજિયાતની ફરિયાદ છે.	Mane sakhat kabajiyatni fariyad chhe.
23. तुम्हें पुराना बुखार था।	તમને જૂનો તાવ હતો.	Tamne juno taav hato.
24. मुझे गले की शिकायत है।	મને ગળાની ફરિયાદ છે.	Mane galani fariyaad chhe.
25. क्या उसे सिरदर्द था?	શું એને માથાનો દુઃખાવો હતો?	Shu ene mathano dukhavo hato?

26. उसके पेट में दर्द है।	એને પેટમાં દુઃખાવો છે.	Ene patma dukhavo chhe.
27. उसे जुकाम हुआ है क्या?	એને શરદી થઈ છે શું?	Ene shardi thai chhe shu?
28. मुझे अपनी जबान दिखाओ।	મને તમારી જીભ બતાવો.	Mane tamari jeebh batavo.
29. उसकी भूख मारी गई है।	એની ભૂખ મરી ગઈ છે.	Eni bhukh mari gayi chhe.
30. मुझे फोड़ा हुआ है।	મને ગુમડું થયું છે.	Mane gumdu thayu chhe.
31. उसके मसूड़ों से खून निकलता है।	એના પેઢામાંથી લોહી નિકળે છે.	Ena pedhamathi lohi nikle chhe.
32. डॉक्टर को बुलाओ।	ડૉક્ટરને બોલાવો.	Doctorne bolavo.
33. उसके कलेजे में पीड़ा है।	એના કાળજામાં પીડા છે.	Ena kaljama pida chhe.
34. तुम्हें कुछ दस्त होंगे।	તમને કબજિયાત હશે.	Tamne kabajiyaat hashe.
35. चिकित्सक अगली सुबह आएंगे।	ચિકિત્સક કાલે સવારે આવશે.	Chikitsak kale savare aavshe.

उनतालीसवीं सीढ़ी-૩૯મું પગથિયું

मौसम

મોસમ

1. वसंत ऋतु है।	વસંત ઋતુ છે.	Vasant rutu chhe.
2. ग्रीष्म ऋतु है।	ઉનાળાની ઋતુ છે.	Unalani rutu chhe.
3. पतझड़ ऋतु है।	પાનખર ઋતુ છે.	Pankhar rutu chhe.
4. शीत ऋतु है।	ઠંડીની ઋતુ છે.	Thandini rutu chhe.
5. आज बड़ी गर्मी है।	આજે ખૂબ ગરમી છે.	**Aaje khub garmi chhe.**
6. बहुत ठण्डा दिन है।	ખૂબ જ ઠંડો દિવસ છે.	Khub j thando divas chhe.
7. सुहावना दिन है।	સોહામણો દિવસ છે.	Sohamno divas chhe.

8. आज कितना खराब दिन है।	આજે કેટલો ખરાબ દિવસ છે.	**Aaje ketlo kharab** divas chhe.
9. वर्षा हो रही है।	વરસાદ પડી રહ્યો છે.	Varsad padi rahyo chhe.
10. बूंदाबांदी हो रही है।	ઝરમર વર્ષા થઈ રહી છે.	Zarmar varsha thai rahi chhe.
11. चांद निकला है क्या?	ચાંદ નિકળ્યો છે શું?	Chand niklyo chhe shu?
12. वर्षा बंद हो गई है।	વરસાદ બંધ થઈ ગયો છે.	Varsad bandh thai gayo chhe.
13. उसे सर्दी लग जायेगी।	એને ઠંડી લાગી જશે.	Ene thandi lagi jashe.
14. अब तक पानी बरस रहा है क्या?	હજુ સુધી પાણી વરસી રહ્યું છે શું?	Haju sudhi paani varsi rahyu chhe?
15. बरसात के मौसम में हम बरसाती पहनते हैं।	વરસાદની મોસમમાં આપણે રેનકોટ પહેરીએ છીએ.	Varsadni mosamma aapne renkot paherie chhie.
16. मैं कांप रहा हूं।	હું ધ્રૂજી રહ્યો છું.	Hu dhruji rahyo chhu.
17. मुझे पसीना आ रहा है।	મને પરસેવો થાય છે.	Mane parsevo thay chhe.
18. मैं भीग गया हूं।	હું ભિંજાઈ ગયો છું.	Hu bhinjai gayo chhu.
19. शीतल वायु बह रही है।	ઠંડી હવા વહી રહી છે.	Thandi hava vahi rahi chhe.
20. कितनी तेज हवा है!	કેટલી તેજ હવા છે!	Ketli tej hava chhe!
21. मौसम बदल रहा है।	મોસમ બદલાઈ રહ્યું છે.	Mosam badlai rahyu chhe.
22. आकाश बादलों से ढका है।	આકાશ વાદળોથી ઢંકાયેલું છે.	**Aakash vadalothi** dhankayelu chhe.
23. आसमान साफ है।	આકાશ સાફ છે.	Aakash saaf chhe.
24. बिजली चमकती है।	વિજળી ચમકે છે.	Vijali chamke chhe.
25. बादल गरजते हैं।	વાદળ ગરજે છે.	Vadal garje chhe.
26. सूरज दिखाई नहीं देता है।	સૂરજ દેખાતો નથી.	Suraj dekhato nathi.
27. बसंत का सा दिन है।	વસંત જેવો દિવસ છે.	Vasant jevo divas chhe.
28. गर्मी असहनीय है।	અસહ્ય ગરમી છે.	Asayha garmi chhe.
29. आधी रात के बाद का समय है।	અડધી રાત પછીનો સમય છે.	**Addhi raat pachhino** sama chhe.
30. इन्द्रधनुष कितना सुंदर है!	ઈન્દ્રધનુષ કેટલું સુંદર છે!	Indradhanush ketlu sunder chhe!

31. मूसलाधार वर्षा हो रही है।	મૂશળાધાર વરસાદ થઈ રહ્યો છે.	Musladhar varsaad thai rahyo chhe.
32. बुरी तरह से ओले पड़ रहे हैं।	ખૂબ જ કરા પડી રહ્યાં છે.	Khub j kara padi rahya chhe.
33. क्या आप छाता लेंगे।	શું તમે છત્રી લેશો?	Shu tame chhatri lesho?
34. जलवायु कितना मोहक है!	આબોહવા કેટલી સરસ છે!	Aabohava ketli saras chhe!

चालीसवीं सीढ़ी - ૪૦મું પગથિયું

समय

સમય

1. घड़ी देखो।	ઘડિયાળમાં જુઓ	Ghadiyalma juo.
2. क्या बजा है?	કેટલા વાગ્યા છે?	Ketla vagya chhe?
3. आपकी घड़ी में क्या बजा है?	તમારી ઘડિયાળમાં કેટલા વાગ્યા છે?	**Tamari ghadiyalma** ketla vagya chhe?
4. कितने बजे हैं?	કેટલા વાગ્યા છે?	Ketla vagya chhe?
5. ठीक सात बजे हैं।	બરાબર સાત વાગ્યા છે.	**Barabar saat vagya**
chhe.	6.	साढ़े नौ बजे हैं।
સાડા નવ વાગ્યા છે.	Sada nav vagya chhe.	7.
सवा तीन बजे हैं।	સવા ત્રણ વાગ્યા છે.	Sava tran vagya chhe.
8. पौने चार बजे हैं।	પોણા ચાર વાગ્યા છે.	Pona char vagya chhe.
9. पांच बजकर पांच मिनट हुए हैं।	પાંચ વાગીને પાંચ મિનિટ થઈ છે.	Panch vagine panch minit thai chhe.
10. छह बजने में दस	છ વાગવામાં દસ	Chha vagvama das

मिनट है।	મિનિટ છે.	minit chhe.
11. साढ़े चार बजे चुके हैं।	સાડા ચાર વાગી ચુક્યા છે.	Sada char vagi chukya chhe.
12. वह सवा एक बजे पहुंचेगी।	તે સવા એક વાગ્યે પહોંચશે.	Te sava ek vagye pahonchshe.
13. हम दस बजकर पचीस मिनट पर कार्यालय पहुंचे।	આપણે દસ વાગીને પચ્ચીસ મિનિટ પર કાર્યાલયે પહોંચ્યા.	Aapne das vagine pachchis minit per karyalaye pahonchya.
14. बैंक दिन-दहाड़े लूट लिया गया।	બેંકને ભરદિવસે લૂંટી લેવામાં આવી.	Bankne bhardivse lunti levama aavi.
15. बाजार सोमवार को बंद रहता है।	બજાર સોમવારે બંધ રહે છે.	Bajar somvaare bandh rahe chhe.
16. हम डेढ़ बजे दोपहर का भोजन करते हैं।	અમે દોઢ વાગ્યે બપોરનું ભોજન કરીએ છીએ.	Ame dodh vagye bapornu bhojan karie chhie.
17. यह दुकान ढाई बजे दुबारा खुलती है।	આ દુકાન અઢી વાગ્યે ફરીથી ખુલે છે.	Aa dukan adhi vagye farithi khule chhe.
18. सवेरे के दस बजे हैं।	સવારના દસ વાગ્યા છે.	Savarna das vagya chhe.
19. हमें दफ्तर से ठीक पांच बजे छुट्टी मिलती है।	આપણને ઑફિસથી બરાબર પાંચ વાગ્યે રજા મળે છે.	Aapanne officethi **barabar paanch** vagye raja male chhe.
20. क्या तुम्हारी कलाई-घड़ी सुस्त है?	શું તારી કાંડા-ઘડિયાળ સુસ્ત છે?	Shu tari kanda-ghadiyal sust chhe?
21. क्या यह मेज-घड़ी तेज है?	શું આ ટેબલ-ઘડિયાળ ઝડપી છે?	Shu aa teble-ghadiyaal zadpi chhe?
22. क्या कार्यालय की दीवार घड़ी ठीक नहीं है?	શું કાર્યાલયની દીવાલ ઘડિયાળ ઠીક નથી.	Shu karyalayni diwal ghadiyaal thik nathi.
23. मेरी पेन-घड़ी बंद हो गई है।	મારી પેન-ઘડિયાળ બંધ થઈ ગઈ છે.	Mari pen-ghadiyaal bandh thai gai chhe.

24.	जागने का समय हो गया।	જાગવાનો સમય થઈ ગયો.	Jagvano samay thai gayo.
25.	आपको आधा घंटा देर हो गई।	તમને અડધો કલાક મોડું થઈ ગયું.	**Tamne addho kalak** modu thai gayu.
26.	वह दस मिनट जल्दी आई है।	તે દસ મિનિટ જલ્દી આવી છે.	Te das minit jaldi **aavi chhe.**
27.	आधी रात का समय है।	અડધી રાતનો સમય છે.	**addhi raatno samay** chhe.
28.	मेरी माताजी प्रातः बहुत जल्दी उठती हैं।	મારી માતાજી સવારે ખૂબ જલ્દી ઊઠે છે.	Mari mataji savare khub jaldi uthe chhe.
29.	पिछले महीने हम यहां नहीं थे।	પાછલા મહીને અમે અહીંયા ન હતા.	Pachhla mahine ame ahiya na hata.
30.	इस महीने हम यहां रहेंगे।	આ મહીને અમે અહીંયા રહીશું.	Aa mahine ame ahiya rahishu.
31.	मैं अगले महीने शिमला जाउंगा।	હું આગલા મહીને શિમલા જઈશ	Hu aagla mahine Shimla Jaise.
32.	हम 15 अगस्त से संकट में हैं।	અમે ૧૫ ઓગષ્ટથી સંકટમાં છીએ.	Ame 15 Augustthi sankatma chheai.
33.	आज क्या तारीख है?	આજે શું તારીખ છે?	**Aaje shu tarikh chhe**?
34.	कल तुम क्यों आए थे?	કાલે તમે કેમ આવ્યા હતા?	Kaale tame kem aavya hata?
35.	कल सात बजे आना।	કાલે સાત વાગ્યે આવજો.	Kale saat vagye aavjo.

भाग-५ :
संवाद

इकतालीसवां सीढ़ी - ૪૧મું પગથિયું

आओ, बातचीत करें
આવો, વાતચીત કરીએ

परिचय પરિચય

आपका क्या हाल-चाल है?	તમારા હાલ-ચાલ કેમ છે?	**Tamara haal-chaal kem** chhe?
कहिए, (क्या) आप छात्र हैं?	કહો, (શું) તમે વિદ્યાર્થી છો?	Kaho, (Shu) tame vidhyarthi chho?
जी हां, मैं छात्र हूं।	હા હું વિદ્યાર્થી છું.	Ha hu vidhyarthi chhu.
आपका क्या नाम है?	તમારું નામ શું છે?	**Tamaru naam shu chhe**?
मेरा नाम प्रणव चक्रवर्ती है।	મારું નામ પ્રણવ ચક્રવર્તી છે.	Maru naam Pranav Chakravarti chhe.
आप असमी है या बंगाली?	તમે આસામી છો કે બંગાળી?	**Tame Aasami chho ke** bangali?
नहीं, मैं मराठी हूं।	ના, હું મરાઠી છું.	Na, hu marathi chhu.
बताइए, वह कौन है?	બતાવો, તે કોણ છે?	Batao, te kon chhe.
वह मेरी मित्र आभा है।	તે મારી મિત્ર આભા છે.	Te mari mitra Aabha **chhe.**
(क्या) वह छात्रा है?	(શું) તે વિદ્યાર્થિની છે?	(Shu) Te vidhyarthini chhe?
नहीं, वह अनुवादक है और सरकारी	ના, તે અનુવાદક છે અને સરકારી	Na, te anuvadak chhe ane sarkari

कार्यालय में काम करती है।	કાર્યાલયમાં કામ કરે છે?	karyalayma kaam kare chhe?
धन्यवाद, विदा!	આભાર, આવજો!	Aabhar, Aavjo!

भाषा सीखने के बारे में - ભાષા શીખવા વિશે

महोदय, (क्या) आप हिंदी बोलते हैं?	મહોદય, (શું) તમે હિન્દી બોલો છો?	Mahoday (Shu) Aap Hindi bolo chho?
हां, मैं थोड़ी-थोड़ी हिंदी बोलता हूं।	હા, હું થોડી-થોડી હિન્દી બોલું છું.	Ha, hu thodi-thodi Hindi bolu chhu.
आप हिंदी बड़ी अच्छी बोलते हैं।	તમે હિન્દી ખૂબ સરસ બોલો છો.	**Tame Hindi khub** saras bolo chho.
आपकी जाति क्या है?	તમારી જાતિ શું છે?	**Tamari jaati shu chhe**?
मेरी जाति केलकर है। मैं अशोक केलकर हूं।	મારી જાતિ કેલકર છે. હું અશોક કેલકર છું.	Mari jati kelkar chhe. HU Ashok Kelkar chhu.
आप ऐसा सोचते है?	તમે એવું વિચારો છો?	**Tame evu vicharo chho**?
कालेज में हिंदी पढ़ रहा हूं।	કૉલેજમાં હિન્દી ભણી રહ્યો છું.	Kaolejma Hindi bhani rayho chhu.
मैं हिन्दी अच्छी तरह बोलना चाहता हूं।	હું હિન્દી સારી રીતે બોલવા ઇચ્છું છું.	Hu Hindi saari rite bolva ichchhu chhu.
क्या आपके हिंदी शिक्षक कक्षा में बोलते हैं?	શું તમારા હિન્દી શિક્ષક ક્લાસમાં બોલે છે?	Shu tamara Hindi shiksak klassma bole chhe?
निःसंदेह! वह धाराप्रवाह हिंदी में बोलते हैं।	નિઃસંદેહ! તેઓ ધારાપ્રવાહ હિન્દીમાં બોલે છે.	Nihsandeh! teo dhara-pravah Hindima bole chhe.
जब शिक्षक हिंदी में बोलते हैं तो क्या आप उसे समझते हैं?	જ્યારે શિક્ષક હિન્દીમાં બોલે છે, તો શું તમે એને સમજો છો?	Jyare Shikshak Hindima bole chhe, to shu tame ene samjo chho?
जी हां, जब वह तेज बोलते हैं तो हम समझ लेते हैं।	જી હા, જ્યારે તે તેજ બોલે છે, તો અમે સમજી લઈએ છીએ.	Jee ha, jyare te tej bole chhe, to ame samji laie chhie.

(क्या) आप घर पर हिंदी में बोलते हैं?	(શું) તમે ઘર પર હિન્દીમાં બોલો છો?	(Shu) tame ghar per Hindima bolo chho?
बेशक नहीं! मेरे परिवार के सदस्य हिंदी में नहीं बोलते। वे केवल मराठी में बोलते हैं। इसलिए हम लोग घर में केवल मराठी में बोलते हैं।	બિલકુલ નહીં! મારા પરિવારના સદસ્ય હિન્દીમાં નથી બોલતા. તેઓ ફક્ત મરાઠીમાં બોલે છે.આથી અમે લોકો ઘરમાં ફક્ત મરાઠીમાં બોલીએ છીએ.	Bilkul nahi! mara parivaarna sadasya Hindima nathi bolta teo fakt Marathima bole chhe. Aathi ame loko gharma fakt Marathma bolie chhe.
परंतु आप हिंदी बहुत अच्छी बोलते हैं।	પરંતુ તમે હિન્દી ખૂબ સારી બોલો છો.	Parantu tame Hindi khub sari bolo chho.
आपका बहुत-बहुत धन्यवाद!	તમારો ખૂબ-ખૂબ આભાર!	**Tamaro khub-khub** Aabhar!

गांव बनाम शहर - ગામડા અને શહેર વચ્ચે

आप गांव में रहते हैं, पर शहर में काम करने जाते हैं। (क्या) आप गांव में रहना अधिक पसंद करते हैं?	તમે ગામમાં રહો છો, પણ શહેરમાં કામ કરવા જાઓ છો. (શું) તમે ગામમાં રહેવાનું વધારે પસંદ કરો છો?	**Tame gaamma raho** chho pan shaherma kaam karva jao chho (Shu) tame gaamma rahevanu vadhare pasand karo chho?
जी हां! मैं वहां रहना अधिक पसंद करता हू। पर मैं शहर को भी चाहता हूं।	જી હા! હું ત્યાં રહેવાનું વધારે પસંદ કરું છું. પણ હું શહેરને પણ પ્રેમ કરું છું.	Ji ha! Hu tya rahevanu vadhare pasand karu chhu, pan hu shaherne pan prem karu chhu.
आप शहर को क्यों चाहते हैं?	તમે શહેરને કેમ પસંદ કરો છો?	**Tame shaherne kem** pasand karo chho?
शहर में सिनेमा-नाटक है, संग्रहालय, पुस्तकालय और	શહેરમાં સિનેમા-નાટક છે, સંગ્રહાલય, પુસ્તકાલય અને	Shaharma-sinema-natak chhe, sangrahalay ane

विश्वविद्यालय आदि सभी कुछ हैं।	વિશ્વવિદ્યાલય વગેરે બધું જ છે.	pustakalay ane Vishwavidyalay badhu j chhe.
परन्तु वहां कारखाने बसें, ट्रक, कारें भी हैं। हर जगह शोर-गुल होता है।	પરંતુ ત્યાં કારખાના, બસો, ટ્રક, કારો પણ છે. દરેક જગ્યાએ શોર થાય છે.	Parantu tya karkhana baso, trak, kaaro pan chhe. Darek jagyae Shor thay chhe.
यह ठीक है। यही कारण है कि मैं गांव में रहना अधिक अच्छा समझता हूं, यद्यपि मैं शहर में काम करता हूं। गांव में शांति होती है। हवा स्वच्छ होती है।	એ બરાબર છે. આ જ કારણ છે કે, હું ગામમાં રહેવાનું વધારે સારું સમજું છું, જો કે, શહેરમાં કામ કરું છું. ગામમાં શાંતિ હોય છે. હવા સ્વચ્છ હોય છે.	E barabar chhe. Aa j karan che ke, hu gaamma rahevanu vadhare saaru samju chhu, jo ke hu shaherma kaam karu chhu. Gaamma shaanti hoy chhe. Hawa swatchchh hoy chhe.
और (क्या) आपकी पत्नी भी गांव की जिंदगी पसंद करती हैं?	અને શું તમારી પત્ની પણ ગામની જિંદગી પસંદ કરે છે?	Ane shu tamari patni pan gaamni zindgi pasand kare chhe?
वह इसे बहुत पसंद करती है। वैसे जब-तब वह कपड़े तथा दूसरी चीजें खरीदने शहर जाती है।	તે એને ખૂબ પસંદ કરે છે. આમ તો જ્યારે-ત્યારે તે કપડાં તથા બીજી વસ્તુઓ ખરીદવા શહેર જાય છે.	Te ene khub pasand kare chhe. Aam to jyare-tyare te kapda tatha biji vastuo kharidva shaher jaay chhe.
इस पर भी, हमारे परिवार के सदस्य गांव में प्रसन्न हैं।	એના પર પણ, અમારા પરિવારના સદસ્ય ગામમાં ખુશ છે.	Ena per pan, amara parivarna sadasya gaamma khush chhe.

भाषा सीखना - ભાષા શીખવી

श्री नंबियार महोदय आप कैसे हैं?	શ્રી નંબિયાર મહાશય, તમે કેમ છો?	Shri Nambiar mahashay, tame kem chho?
बिलकुल ठीक-ठाक हूं। धन्यवाद।	ખૂબ સરસ છું. આભાર.	Khub saras chhu. Aabhar.
और आपका परिवार कैसा है?	અને તમારો પરિવાર કેમ છે?	ane tamaro parivar kem chhe?
आपकी मेहरबानी से सब ठीक-ठाक है।	તમારી મહેરબાનીથી બધા જ સારા છે.	**Tamari maherbanithi** badhaj saara chhe.
वैसे, मैंने सुना है कि कुछ समय से आप हिंदी सीख रहे हैं।	જો કે, મેં સાંભળ્યું છે કે, થોડા સમયથી તમે હિન્દી શીખી રહ્યા છો.	Jo ke, me sambhlyu chhe ke, thoda samaythi tame Hindi shikhi rahya chho.
यह सच है, मैं हिंदी पढ़ना, बोलना और लिखना चाहता हूं।	એ સાચ્ચું છે, હું હિન્દી લખતાં-વાંચતા અને બોલવા ઇચ્છું છું.	E saachhu chhe, hu Hindi lakhta-vanchta ane bolva ichchhu chhu.
(क्या) आपको लगता है कि हिंदी भाषा कठिन है?	શું તમને લાગે છે કે હિન્દી ભાષા કઠિન છે?	Shu tamne lage chhe ke Hindi bhasha kathin kathin chhe?
विदेशियों को वह कठिन लगती है, पर मैं प्रगति कर रहा हूं।	વિદેશીઓને તે કઠિન લાગે છે, પણ હું પ્રગતિ કરી રહ્યો છું.	Videshio**ne te** kathin lage chhe, pan hu pragati kari rahyo chhu.
बहुत अच्छे! आप तो पहले ही हिंदी अच्छी बोलते हैं।	ખૂબ સરસ! તમે તો પહેલાં જ હિન્દી સારી સારી બોલો છો.	Khub saras! tame to pahela j Hindi sari bolo chho.
धन्यवाद! मैं और भी अच्छा बोलना चाहता हूं।	આભાર! હું વધારે સારી રીતે બોલવા ઇચ્છું છું.	Aabhar! hu vadhare saari rite bolva ichchhu chhu.
आपका उत्साह प्रशंसा योग्य है।	તમારો ઉત્સાહ પ્રશંસા યોગ્ય છે.	**Tamaro utsaah prashansha yogya chhe.**

बयालीसवीं सीढ़ी - ૪૨મું પગથિયું

दो मित्रों के बीच
બે મિત્રોની વચ્ચે

मीनाश्री–आप कैसी है श्रीमती?	મીનાક્ષી-તમે કેમ છો શ્રીમતી?	— **tame kem chho** Shrimati?
गरिमा–ठीक-ठाक हूं आपकी कृपा है। और आप?	ગરિમા- સારી છું. તમારી કૃપા છે. અને તમે?	— **sari chhu. tamari krupa chhe.** ane tame?
मीनाक्षी–मैं ठीक से हूं। धन्यवाद!	મીનાક્ષી- હું સારી છું. આભાર!	— Hu saari chhu. Aabhar!
गरिमा–अच्छा, फिर मिलेंगे।	ગરિમા - સારું, ફરી મળીશું?	— Saaru, fari malishu.
●	●	●
आभा–क्या तुम प्रायः दूरदर्शन देखते हो?	આભા- શું તમે ઘણીવાર દૂરદર્શન જુઓ છો?	— Shu tame ganivar durdarshan juo chho?
अमित–हां, मैं कभी-कभी इसे शाम को देखता हूं।	અમિત - હા, હું ક્યારેક-ક્યારેક એને સાંજે જોઉં છું.	— Ha, hu kyarek-kyarek ene saanje jou chhu.
आभा–क्या तुमने पिछली रात दूरदर्शन देखा था?	આભા- શું તમે પાછલી રાત્રે દૂરદર્શન જોયું હતું?	— Shu tame pachhli ratre durdarshan joyu hatu?
अमित–हां, देखा था। मैंने कुछ अच्छे कार्यक्रम देखे।	અમિત - હા, જોયું હતું. મેં કેટલાંક સારા કાર્યક્રમ જોયા.	— Ha, joyu hatu. Me ketlaak sara karyakram joya.
●	●	●
अमित–क्या तुम कभी	અમિત- શું તમે ક્યારેય	— Shu tame kyarey

आकाशवाणी सुनती हो?	આકાશવાણી સાંભળો છો?	akashvani sambhlo chho?
आभा-हां, अवश्य। मैं हर रात असल में आकाशवाणी सुनती हूं।	આભા- હા, અવશ્ય. હકીકતમાં હું દર રાત્રે આકાશવાણી સાંભળું છું.	— Ha, avashya. hakikatma hu der ratre aakash-wani sambhlu chhu.
अमित-तुम्हारा मनपसंद कार्यक्रम कौन-सा है?	અમિત- તારો મનપસંદ કાર્યક્રમ કયો છે?	— Taro manpasand karyakram kayo chhe?
आभा-मुझे वन्दनवार सबसे अच्छा लगता है।	આભા- મને વંદનવાર સૌથી સારો લાગે છે.	— Mane vandanvar sauthi saro lage chhe.
●	●	●
शहनाज-तुम कहां गई थीं?	શહેનાજ- તું ક્યાં ગઈ હતી?	— Tu kya gayee hati?
मीनाज-हम सुंदर समुद्र तट पर गई थीं।	મીનાજ- હું સુંદર સુંદર સમુદ્ર તટ પર ગઈ હતી.	— Hu sunder samudra tat par gayee hati.
शहनाज-क्या तुम समुद्र में तैरी थीं?	શહેનાજ - શું તું સમુદ્રમાં તરી હતી?	— Shu, tu samudrama **tari hati**?
मीनाज-हां, पर मैं किनारे के पास-पास तैरी थी।	મીનાજ - હા, પણ હું કિનારાની પાસે જ તરી હતી.	— Ha, pan hu kinara ni pase j tari hati.
●	●	●
मंजुला-आज रात का, आप का क्या कार्यक्रम हैं?	મંજુલા- આજે રાત્રે, તમારો શું કાર્યક્રમ છે?	— **Aaje ratre** tamaro shu karyakram chhe?
गौरव-अभी मैंने निश्चय नहीं किया?	ગૌરવ- હજું મેં નિશ્ચય નથી કર્યો?	— Haju me nishchay nathi karyo.
मंजुला-क्या आप सिनेमा जाना चाहेंगे?	મંજુલા - શું તમે સિનેમા જવા ઇચ્છશો?	— Sh tame sinema java ichchhso?
गौरव-नहीं, मैं नाटक देखना चाहूंगा।	ગૌરવ - ના, હું નાટક જોવા ઇચ્છીશ.	— Na, hu natak jova

ichchhis.

●

Hindi	Gujarati		Transliteration
मनोज-मुझे रेलवे स्टेशन जाना है।	મનોજ- મારે રેલવે સ્ટેશન જવું છે.	—	Mare relve steshan javu chhe.
विकास-तुम्हें वहां किसलिए जाना है?	વિકાસ- તારે ત્યાં શા માટે જવું છે?	—	Tare tyan sha mate javu chhe?
मनोज-मेरी बहन बंबई से आ रही है, उसे लेने जाना है।	મનોજ- મારી બહેન મુંબઈથી આવી રહી છે, એને લેવા જવું છે.	—	Mari bahen Mumbaithi aavi rahi chhe, ene leva javu chhe.
विकास-आओ मेरे स्कूटर पर बैठ चलो।	વિકાસ- આવ, મારા સ્કૂટર પર બેસીને ચાલો.	—	**Aav, mara skuter** par besi ne chhalo.

●

Hindi	Gujarati		Transliteration
प्रदीप-क्या आप डॉ. भारतेंदु हैं?	પ્રદીપ- શું તમે ડૉ. ભારતેંદુ છો?	—	Shu tame doctor Bharatendu chho?
मनोहर-नहीं, वह लंबे महाशय डॉ. भारतेंदु हैं।	મનોહર- ના, તે લાંબા મહાશય ડૉ. ભારતેંદુ છે.	—	Na, te lamba mahashay Dr. Bhartendu chhe.
प्रदीप-(क्या) आपका मतलब है, वह जो ऐनक पहने हैं?	પ્રદીપ- શું તમારો મતલબ છે, તે જે ચશ્મા પહેરેલા છે?	—	Shu tamaro matlab chhe, te je chasma paherela chhe?
मनोहर-हां, वह जो काले बालों वाले हैं।	મનોહર - હા, તે, જે કાળા વાળો વાળા છે.	—	Ha, te, je kala vaalovala chhe.

●

Hindi	Gujarati		Transliteration
ईनामदार-आप यहां कब से हैं?	ઈનામદાર- તમે અહીંયા ક્યારથી છો?	—	**tame ahiya** kyarthi chho?
गोपाल-मैं दो सप्ताह से यहां हूं।	ગોપાલ - હું બે અઠવાડિયાથી અહીંયા છું.	—	Hu be adhvadiya thi ahiya chhu.
ईनामदार-आप कब-कब यहां आते हैं?	ઈનામદાર- તમે ક્યારે-ક્યારે અહીંયા આવો છો?	—	Tame kyare-kyare ahiya aavo chho?

गोपाल–मैं लगभग वर्ष में दो बार इस शहर में आता हूं।	ગોપાલ- હું લગભગ વર્ષમાં બે વાર આ શહેરમાં આવું છું.	— Hu lagbhag varsma be vaar aa shaherma aavu chhu.
अनु–क्या तुम्हारी छुट्टियां अच्छी बीतीं?	અનુ- શું તારી રજાઓ સારી રીતે વીતી?	— shu taari rajao saari rites viti?
सत्य–हां, अच्छी बीतीं। वह समय बड़ा मजे का रहा।	સત્ય- હા, સારી વીતી. તે સમય ખૂબ મજાનો રહ્યો.	— Ha, saari viti. Te samay khub majano rahyo.
अनु–तुम ने क्या किया?	અનુ- તે શું કર્યું?	— Te shu karyu?
सत्य–मैंने नई दिल्ली के कुछ पुराने मित्रों से भेंट की।	સત્ય - મેં નવી દિલ્હીનાં કેટલાંક જૂના મિત્રોથી મુલાકાત કરી.	— Me navi dillina ketlak juna mitrothi mulakat kari.

•••

तैंतालीसवां सीढ़ी - ૪૩મું પગથિયું

पैसे के बारे में
પૈસાની બાબતમાં

1. तुम्हारे पास कितने रुपये हैं?	તારી પાસે કેટલા રૂપિયા છે?	— Tari paase ketla rupiya chhe?
–बहुत अधिक नहीं।	બહુ વધારે નથી.	—Bahu vadhare nathi?
●	●	●
2. वह किसी बात पर परेशान दीखती हैं?	તે કોઈ વાત પર પરેશાન દેખાય છે?	Te koi vaat per pareshan dekhay chhe?
–मुझे लगता है, उसके पैसे खो गए हैं।	— મને લાગે છે, એના પૈસા ખોવાઈ ગયા છે.	–mane lage chhe, ena paise khovai gaya chhe.

— क्या आपको पक्का मालूम है कि उसके पैसे खो गए हैं?	- શું તને પાક્કી ખબર છે છે કે એના પૈસા ખોવાઈ ગયા છે?	— Shu tane pakki khabar chhe ke ena paisa khovai gaya chhe?
-हां, मुझे विश्वास हैं।	— હા, મને વિશ્વાસ છે.	— Ha, mane vishwas chhe.
●	●	●
3. अपने बैंक खाते में आपके कितने रुपये थे?	પોતાના બેંક ખાતામાં તમારા કેટલા રૂપિયા હતા?	**Potana bank khatama** tamara ketla rupiya hata?
- मेरे पास ठीक तीन सौ रुपये थे।	— મારી પાસે ઠીક ત્રણસો રૂપિયા હતા.	— Mari pase thik transo rupiya hata.
●	●	●
4. क्या तुमने अपनी मोटरसाइकिल बेच दी?	શું તેં તારી મોટરસાઈકલ વેચી નાંખી?	Shu te taari motarsaikal vechi naankhi?
-हां, मैंने अपने मित्र अनुपम को बेच दी।	— હા, મેં મારા મિત્ર અનુપમને વેચી દીધી.	— Ha, me mara mitra anupamne vechi didhi.
●	●	●
5. क्या आप कल तक के लिए एक सौ रुपये उधार दे सकेंगे?	શું તમે કાલ સુધી ૧૦૦ રૂપિયા ઉધાર આપી શકશો?	Shu tame kaal sudhi 100 rupiya udhar aapi shaksho?
-नहीं, मैं नहीं दे सकता।	— ના, હું નથી આપી શકતો.	— Na, hu nathi aapi shakto.
●	●	●
6. क्या आप (मेरे लिए) छह सौ रुपये निकाल सकेंगे?	શું તમે (મારા માટે) છસ્સો રૂપિયા ઉપાડી શકશો?	Shu tame (mara mate) chhasso rupiya upadi shaksho?
-हां, पर मुझे वह पैसा अगले सप्ताह के पहले चाहिए।	— હા, પણ મને તે પૈસા આવતા અઠવાડિયા પહેલાં જોઈએ.	— Ha, pan mane te paisa aavta athvadiya pahela joie.

Hindi	Gujarati	Transliteration
7. क्या तुम्हें पैसा मिल गया?	શું તમને પૈસા મળી ગયા?	Shu tamne paisa mali gaya?
-हां, मैंने अपने साथी से उधार ले लिया।	— હા, મેં મારા મિત્રથી ઉધાર લઈ લીધા.	— Ha, me mara mitrathi udhar lai lidha.
●	●	●
8. (क्या) आपके पास रेजगारी है?	શું તમારી પાસે છુટ્ટા છે?	Shu tamari paase chhutta chhe?
-मेरे पास सात सिक्के दस पैसे वाले और छः सिक्के पांच पैसे वाले हैं।	— મારી પાસે સાત સિક્કા દસ પૈસાવાળા અને છ સિક્કા પાંચ પૈસાવાળા છે.	— Mari pase saat sikka das paisa-wala ane chh sikka paanch paisa wala chhe.
●	●	●
9. (क्या) आप यह दस रुपये वाला नोट बदल सकते हैं?	શું તમે આ દસ રૂપિયાવાળી નોટ બદલી શકો છો?	Shu tame aa das rupiyawali not badli shako chho?
-खेद है, मेरे पास कोई नोट नहीं है।	— માફ કરો, મારી પાસે કોઈ નોટ નથી.	— Maaf karo, mari pase koi not nathi?
●	●	●
10. (क्या) आपके पास एक सौ रुपये के छोटे नोट हैं?	શું તમારી પાસે ૧૦૦ રૂપિયાના છૂટ્ટા છે?	Shu tamari pase 100 rupiyana chhutta chhe?
एक मिनट रुको, जरा देख लूं।	—એક મિનિટ, જરા જોઈ લઉં.	— Ek minit, jara joi lau.
11. (क्या) तुम विदेशी मुद्रा विनिमय करोगे?	શું તમે વિદેશી મુદ્રા વિનિમય કરશો?	Shu tame videshi mudra vinimay karsho?
-हां, अवश्य।	— હા, ચોક્કસ.	— Ha, chokkas.
●	●	●
12. आप कितनी राशि विनिमय करोगे?	તમે કેટલી રકમ વિનિમય કરશો?	**Tame ketli rakam** vinimay karso?

-एक छात्र को प्रायः पांच हजार डालर प्रतिवर्ष विदेशी मुद्रा विनिमय प्राप्त होती है।	— એક વિદ્યાર્થીને બહુધા પાંચ હજાર ડૉલર પ્રતિવર્ષ વિદેશી મુદ્રા વિનિમય પ્રાપ્ત થાય છે.	— Ek vidhyarthine bahudha paanch hajar dollar prativars videshi mudra vinimay prapt thay chhe.
●	●	●
13. तुम्हारा वेतन कितना है?	તમારો પગાર કેટલો છે?	Tamaro pagar ketlo chhe?
-मुझे चार सौ रुपये प्रतिमाह वेतन मिलता है।	— મને ચારસો રૂપિયા પ્રતિમહીના પગાર મળે છે.	— Mane charso rupiya pratimahina pagar male chhe?
●	●	●
14. आप कितनी राशि चाहते हैं?	તમારે કેટલી રકમ જોઈએ છે?	**Tamare ketli rakam** joie chhe?
-मैं पचास रुपये से अधिक नहीं पाना चाहता।	— હું પચાસ રૂપિયાથી વધારે નથી મેળવવા ઇચ્છતો.	— Hu pachas rupiya thi vadhare nathi melavava ichchhto.
●	●	●
15. आप कुछ कमीशन देंगे?	તમે થોડું કમીશન આપશો?	**Tame thodu** kamishan aapsho?
-कुछ भी नहीं।	— કશું પણ નહીં.	— Kashu pan nahi?
●	●	●
16. क्या यह वस्तु बीस रुपये की होगी?	શું આ વસ્તુ વીસ રૂપિયાની હશે?	Shu aa vastu vis rupiyani hashe?
-क्यों नहीं? बल्कि यह तो और भी महंगी है।	— શા માટે નહીં? બલ્કે આ તો વધારે મોંઘી છે.	— Sha mate nahi? balke aa to vadhare monghi chhe.

चौवालीसवी सीढ़ी - ૪૪મું પગથિયું

बस में
બસમાં

1.	टिकटें ले लो।	ટિકિટો લઈ લો.	Tikito lai lo.
2.	नहीं, पिछली बार मैंने टिकटें ली थीं। आज तुम्हारी बारी	ના, પાછલી વખતે મેં ટિકિટો લીધી હતી. આજે તારો વારો છે. है।	Na, pachchali vakhte me tikito lidhi hati. Aaje taro vaaro chhe.
3.	अच्छा। क्या हम रिंग रोड, लाजपतनगर उतरें?	સારું. શું આપણે રીંગ રોડ, લાજપતનગર ઉતરીએ?	Saaru, Shu aapne Ring Road, Lajpat-nagar utarie?
4.	मैं तो समझता हूं, सेंट्रल मार्केट सिनेमा से थोड़ा पास पड़ता है। कुछ भी हो, किराया तो एक-सा है।	હું તો સમજું છું, સેન્ટ્રલ માર્કેટ સિનેમાથી થોડું નજીક પડે છે. જે પણ હોય, ભાડું તો એક જ છે.	Hu to samju chhu, sentral market sinemathi thodu najik pade chhe. je pan hoy bhadu to ek j chhe.
5.	हां, ठीक है। मैं प्राय: रिंग रोड पर उतरता हूं। पर इससे कोई अंतर नहीं पड़ता।	હા, ઠીક છે. હું બહુધા રીંગ રોડ પર ઉતરું છું. પણ એનાથી કોઈ અંતર નથી પડતું.	Ha, thik chhe. Hu bahudha Ring Road per utaru chhu. Pan enathi koi antar nathi padtu.
6.	अब टिकटें ले लो।	હવે ટિકિટો લઈ લો.	Have tikito lai lo.
7.	बस में भारी भीड़ है। सो मेरा विचार है, संवाहक बहुत व्यस्त हैं।	બસમાં ભારે ભીડ છે. તેથી મારો વિચાર છે, કંડક્ટર ખૂબ વ્યસ્ત છે.	Basma bhare bhid chhe. tethi maro vichar che, kandaktor khub vyast chhe.
8.	पर क्या तुमने पैसे निकाल लिए हैं?	પણ શું તેં પૈસા નિકાળી લીધા છે?	Pan shu te paisa nikali lidha chhe?
9.	हां, मेरे पास किराये	હા, મારી પાસે ભાડાનાં	Ha, mari pase bhadana

	के लिए खुले पैसे हैं।	ખુલ્લા પૈસા છે.	khulla paisa chhe.

सार्वजनिक पुस्तकालय में - સાર્વજનિક પુસ્તકાલયમાં

1.	क्या मैं पुस्तकालय का नियमित सदस्य बन सकता हूं?	શું હું પુસ્તકાલયનો નિયમિત સભ્ય બની શકું છું?	Shu hu pustkalayno niymit sabhya bani saku chhu?
2.	निःसंदेह। यह फार्म भरिए और किसी राजपत्रित अधिकारी से हस्ताक्षर करवाइए।	ચોક્કસ. આ ફૉર્મ ભરો અને કોઈ રાજપત્રિત અધિકારીની સહી કરાવો.	Chokkas. Aa form bharo ane koi rajpatrit adhikarini sahi karavo.
3.	सदस्यता शुल्क कितना है?	સદસ્યતા ફી કેટલી છે?	Sadasyata fee ketli chhe?
4.	कुछ भी नहीं। सार्वजनिक पुस्तकालय सेवा सर्वथा निःशुल्क है।	કશું પણ નહીં. સાર્વજનિક પુસ્તકાલય સેવા સર્વથા નિઃશુલ્ક છે.	Kashu pan nahi. Sarvjanik Pustakalay seva sarvatha nihshulka chhe.
5.	एक समय में आप कितनी पुस्तकें देते हैं?	એક સમયમાં તમે કેટલી પુસ્તકો આપો છો?	Ek samayma tame ketli pustako aapo chho?
6.	पुस्तकालय तीन पुस्तकें चौदह दिनों के लिए देता है।	પુસ્તકાલય ત્રણ પુસ્તકો ૧૪ દિવસો માટે આપે છે.	Pustkalay tran pustako 14 divso mate aape chhe.
7.	अच्छा! प्रतिदिन का विलम्ब शुल्क कितना है?	સારું! પ્રતિદિવસની વિલંબ ફી કેટલી છે?	Saaru! pratidivasni vilamb fee ketli chhe?
8.	हम प्रतिदिन प्रत्येक पुस्तक के दस पैसे लेते हैं।	અમે પ્રતિદિવસ પ્રત્યેક પુસ્તકના દસ પૈસા લઈએ છીએ.	Ame pratidivas pratyek pustakna das paisa laie chhie.
9.	पुस्तकालय कितने बजे से कितने बजे तक खुला रहता है?	પુસ્તકાલય કેટલા વાગ્યાથી કેટલા વાગ્યા સુધી ખુલ્લું રહે છે?	Pustakalay ketla vagya thi ketla vagya sudhi khullu rahe chhe?

10. पुस्तकालय प्रातः नौ बजे से सायं साढ़े सात बजे तक खुला रहता है।	પુસ્તકાલય સવારે ૯ વાગ્યાથી સાંજે ૭-૩૦ વાગ્યા સુધી ખુલ્લું રહે છે.	Pustakalay savare 9 vagyathi saanje 7-30 vagya sudhi khullu rahe chhe.

सिनेमा घर में - સિનેમાઘરમાં

1. मध्यावकाश हो गया। अल्पाहार गृह चलकर एक-एक प्याला चाय ले लें?	ઈન્ટરવલ થઈ ગયો. નાશ્તાગૃહ ચાલીને એક-એક કપ ચા લઈ લઈએ?	Madhyavkash thayi gayo. nashtagruh chali ne ek-ek kup cha lai laie?
2. मुझे कुछ नहीं चाहिए। जरा अपनी टांगे सीधी कर लें।	મારે કશું નથી જોઈતું.જરા તારા પગ સીધા કરી લે.	Mare kashu nathi joitu. Jara tara pag sidha kari le.
3. चलो चलें। नायिका के बारे में तुम्हारा क्या विचार है?	ચાલો જઈએ. નાયિકા વિશે તારો શું વિચાર છે?	Chalo, jaiye, Nayika vishe taro shu vichar chhe?
4. उसका प्रदर्शन बहुत अच्छा था।	એનું પ્રદર્શન ખૂબ સારું હતું.	Enu pradarshan khub saaru hatu.
5. वस्तुतः उसका भविष्य बहुत उज्ज्वल है।	વસ્તુતઃ એનું ભવિષ્ય ખૂબ ઉજ્જવળ છે.	Vastutah enu bhavishya khub ujjval chhe.
6. वह निश्चय ही सब अभिनेताओं से आगे बढ़ गई।	તે નિશ્ચય જ બધા અભિનેતાઓથી આગળ વધી ગઈ.	Te nischay j badha abhinetaothi aagal vadhi gai.
7. जितनी अच्छी वह रही उतना कोई दूसरा नहीं रहा।	જેટલી સારી તે રહી, એટલું બીજું કોઈ ના રહ્યું.	Jetli saari te rahi, etlu biju koi na rahyu.
8. केवल नन्हीं बच्ची मीरा को छोड़कर जिसने हम सबका मनोरंजन किया।	ફક્ત નાની બાળકી મીરાને છોડીને જેણે આપણા બધાનું મનોરંજન કર્યું.	Fakt nani balki Mira ne chhodine jene aapna badhanu manoranjan karyu.
9. घंटी बज रही है। यह लौटने का समय है।	ઘંટડી વાગી રહી છે. આ પાછા ફરવાનો સમય છે.	Ghantdi vagi rahi chhe. Aa pachha farvano samay chhe.

पैंतालीसवीं सीढ़ी - ૪૫મું પગથિયું

रास्ता पूछते हुए
રસ્તો પૂછતાં સમયે

1.	आपको कष्ट न हो क्या आप बता सकते हैं कि मंदिर कहां है?	જરા માફ કરો, શું તમે બતાવી શકો છો, કે મંદિર ક્યાં છે?	**Jara maaf karo, shu** tame batavi shako chho ke, mandir kya chhe?
2.	कौन सा मंदिर?	કયું મંદિર?	Kayu mandir?
3.	मेरा मतलब है, लक्ष्मी नारायण मंदिर।	મારો મતલબ છે, લક્ષ્મીનારાયણ મંદિર	Maro matlab chhe, LakshmiNarayan Mandir.
4.	अच्छा, बिरला मंदिर। पहली ट्रैफिक बजी तक सीधे जाइए और फिर दायें घूमिए।	સારું, બિરલા મંદિર. પહેલી ટ્રાફિક બત્તી સુધી સીધા જાઓ અને પછી જમણે વળો.	Saaru, Birla mandir. paheli trafik batti sudhi sidha jao ane pachhi jamne valo.
5.	अच्छा! क्या यह दूर है?	સારું! શું તે દૂર છે?	Saaru! Shu te dur chhe?
6.	नहीं, अधिक दूर नहीं। केवल एक किलोमीटर।	ના, વધારે દૂર નથી. ફક્ત એક કિલોમીટર.	Na, vadhare dur nathi. fakt ek kilomitar.
7.	पहली ट्रैफिक बती से पर बायीं ओर घूमना है?	પહેલી ટ્રાફિક બત્તીથી ડાબી તરફ વળવાનું છે.	Paheli trafik battithi daabi taraf valvanu chhe?
8.	जब आप बायीं ओर घूमेंगे, तो मंदिर आपको दिखाई देगा।	જ્યારે તમે ડાબી તરફ વળશો, તો મંદિર તમને દેખાશે.	Jyare tame dabi taraf valso, to mandir tamne dekhashe.
9.	आपका धन्यवाद!	તમારો આભાર!	Tamaro Aabhar!
10.	ऐसी कोई बात नहीं। अजनबी की	એવી કોઈ વાત નથી? અજાણ્યાની	Evi koi vaat nathi? Ajanyani madad

सहायता करना प्रसन्नता की बात है।	મદદ કરવી ખુશીની વાત છે.	karvi khushini vaat chhe.

कैमिस्ट की दूकान पर - કેમિસ્ટની દુકાન પર

1.	क्या आप मेरी पर्ची की दवाई दे सकेंगे?	શું તમે મારી પરચીની દવાઓ આપી શકશો?	Shu tame mari parchini davao aapi shaksho?
2.	अवश्य, महोदय। क्या आप थोड़ी देर बाद फिर आ सकेंगे?	ચોક્કસ, સાહેબ. શું તમે થોડી વાર પછી આવી શકશો?	Chokkas, saheb! Shu tame thodi vaar pachhi aavi shaksho?
3.	कितना समय लगेगा।	કેટલો સમય લાગશે?	Ketlo samay lagshe?
4.	केवल दस मिनट।	ફક્ત દસ મિનિટ.	Fakt das minit.
5.	क्या आप सिरदर्द के लिए कोई दवा बताएंगे?	શું તમે માથાના દુઃખાવા વિશે કોઈ દવા બતાવશો?	Shu tame mathana dukhava vishe koi dava batavsho?
6.	हां, ये टिकिया बड़ी प्रभावपूर्ण हैं। आजकल बहुधा डॉक्टर इनको देते हैं।	હા, આ ગોળીઓ ખૂબ પ્રભાવશાળી છે. આજકાલ બહુધા ડૉક્ટર આને જ લખી આપે છે.	Ha, aa golio khub prabhavshali chhe. aajkal bahudha doctor aane j lakhi aape chhe.
7.	बहुत अच्छा! मैं दस टिकिया लूंगा।	બહુ સરસ! હું દસ ગોળી લઈશ.	Bahu saras! Hu das goli laiesh.
8.	इतना ही है न महोदय?	આટલું જ છે ને મહાશય?	Aatlu j chhe ne mahashay?
9.	जी हां, केवल मेरी पर्ची की दवाई। क्या वह अभी तैयार हो जाएगी?	જી હા, ફક્ત મારી પરચીની દવાઓ. શું તે હમણાં મળી જશે?	Je ha, fakt mari parchini davao. Shu te hamna mali jashe?
10.	नहीं, अभी नहीं। थोड़ी देर प्रतीक्षा कीजिए। कृपया बैठ जाइए।	ના, અત્યારે નહીં. થોડી વાર રાહ જુઓ. કૃપયા, બેસો.	Na, Atyare nahi. Thodi vaar raah juo. Krupaya, beso.

दूरभाष पर - ટેલીફોન પર

1.	डायमंड पॉकेट बुक्स?	ડાયમંડ પૉકેટ બુક્સ?	Diamond pocket buks?

2.	जी हां, डायमंड। नमस्कार।	જી હા, ડાયમંડ. નમસ્કાર.	Ji ha, Diamand. Namaskar.
3.	क्या श्री नरेंद्र कुमार हैं।	શું શ્રી નરેન્દ્ર કુમાર છે?	Shu Shri Narendra Kumar chhe?
4.	खेद है, वह अभी आये नहीं हैं।	માફ કરજો, તે હજું આવ્યા નથી.	Maaf karjo, te haju aavya nathi.
5.	क्या आप बता सकते हैं, वे कब आएंगे?	શું તમે બતાવી શકો છો, તેઓ ક્યારે આવશે?	Shu tame batavi shako chho, te kyare aavshe?
6.	मैं नहीं जानता। आप अपना संदेश दे सकते हैं।	હું નથી જાણતો. તમે તમારો સંદેશ આપી શકો છો.	Hu nathi janto. **Tame tamaro sandesh** aapi shako chho.
7.	क्या आप उन्हें कह देंगे कि श्री लांबा का फोन आया था, और वे मुझे आकर जल्दी से जल्दी फोन कर लें?	શું તમે એમને કહી દેશો કે, શ્રી લાંબાનો ફોન આવ્યો હતો, અને તેઓ મને આવીને જલ્દીથી જલ્દી ફોન કરી લે?	Shu tame emne kahi desho ke, shri Lambano phon **aavyo hato, ane teo** mane aavine jaldithi jaldi phon kari le?
8.	कह दूंगा। आपका फोन नंबर क्या है?	કહી દઈશ. તમારો ફોન નંબર શું છે?	Kahi daish. Tamaro phon number shu chhe?
9.	मेरा नंबर 654527* है-श्री नरेंद्र कुमार इसे जानते हैं।	મારો નંબર ૬૫૪૫૨૭* છે-શ્રી નરેન્દ્ર કુમાર એને જાણે છે.	Maro number 654527* chhe. Shri Narendra Kumar ene jane chhe.
10.	बहुत अच्छा, श्रीमान्! जैसे ही वह आयेंगे, मैं उन्हें बता दूंगा।	બહુ સરસ, શ્રીમાન! જેવા જ તેઓ આવશે, હું એમને બતાવી દઈશ.	Bahu saras, Shriman! Jeva j teo aavshe, hu emne batavi daish.
11.	धन्यवाद। कृपया ध्यान रखिए यह अत्यावश्यक है। अलविदा!	આભાર! કૃપયા ધ્યાન રાખજો. એ અતિજરૂરી છે. આવજો!	Aabhar! krupaya dhyan rakhjo. E atijaruri chhe. Aavjo!
	*छः पांच चार पांच दो सात।	*છ, પાંચ ચાર પાંચ બે સાત.	*Chhah panch char panch be saat.

छियालीसवीं सीढ़ी - ૪૬મું પગથિયું

ट्रंक कॉल करते समय
ટ્રંક કૉલ કરતાં સમયે

ग्राहक-हेलो एक्सचेंज।	ગ્રાહક- હેલો એક્સચેંજ.	Grahak—Helo exchenj!
चालक-जी हां, एक्सचेंज से बोल रहा हूं।	ઓપરેટર- જી હા, એક્સચેંજથી બોલી રહ્યો છું.	Opretor—Ji ha, exchenjthi boli rahyo chhu.
ग्राहक-कृपया एक आवश्यक ट्रंक कॉल बुक कीजिए।	ગ્રાહક - કૃપયા એક જરૂરી ટ્રંક કૉલ બુક કરો.	Grahak—Krupaya ek **jaruri** trank kol buk karo.
चालक-किस शहर के लिए?	ઓપરેટર- કયા શહેર માટે?	Opretor—Kaya shaher mate?
ग्राहक-जी, पुणे के लिए।	ગ્રાહક- જી, પુણે માટે.	Grahak—Ji, Pune mate.
चालक-कौन-सा नंबर?	ઓપ.- કયો નંબર?	Opretor—Kayo number?
ग्राहक-6543*	ગ્રાહક - ૬૫૪૩*	Grahak—Chha panch char tin.
चालक-क्या कॉल व्यक्तिगत है?	ઓપ.- શું કૉલ વ્યક્તિગત છે?	Opretor—Shu kol vyaktigat chhe?
ग्राहक-हां श्रीमान् यह यश शाह के नाम से है।	ગ્રાહક- હા શ્રીમાન! આ યશ શાહના નામથી છે.	Grahak—Ha shriman! Aa Yash Shah na nam thee chhe.
चालक-कृपया नाम के हिज्जे बोलिए।	ઓપ.-કૃપા કરી નામની જોડણી કહો.	Opretor—Krupaya naamni jodni kaho.
ग्राहक-य से यमुनानगर श से शिवपुरी, य श यश शाह दक्कन	ગ્રાહક- ય થી યમુનાનગર શથી શિવપુરી, ય શ યશ શાહ દક્કન	Ya thi Yamunanagar, sh thi Shivpuri...

कॉलेज, पुणे।	કૉલેજ, પુણે	Ya thi-Yash Shah. Dekkan Kolej, Pune.
चालक-ठीक है, आपका फोन नंबर?	ઓપ.- ઠીક છે, તમારો ફોન નંબર?	Opretor—thik chhe, **tamaro phon** namber?
ग्राहक-203606+	ગ્રાહક - ૨૦૩૬૦૬+	Grahak—be shunya tran chha shunya chha.
चालक-ठीक है। पांचेक मिनट प्रतीक्षा कीजिए।	ઓપ.- ઠીક છે. પાંચેક મિનિટ રાહ જુઓ.	Opretor—thik chhe. Panchek minat raah juo.
ग्राहक-मेरा पंजीकरण नंबर क्या है?	ગ્રાહક- મારો પંજીકરણ નંબર શું છે?	Grahak—Maro panjikaran nambar shu chhe?
चालक-ब से बंबई 1002×	ઓપ.- બ થી બોમ્બે ૧૦૦૨×	Opretor—ba thi Bombey ek shunya shunya be.
ग्राहक-धन्यवाद श्रीमान्!	ગ્રાહક - આભાર શ્રીમાન!	Grahak—Aabhar Shriman!
[सात मिनट बाद]	[સાત મિનિટ પછી]	[Sat minat bad]
चालक-हेलो! नंबर 203606?+	ઓપ.-હેલો! નંબર ૨૦૩૬૦૬?+	Opretor—Helo! Shu nambar be shunya tran chha shunya chha?
ग्राहक-हां, बोल रहा हूं।	ગ્રાહક- હા, બોલી રહ્યો છું.	Grahak—Ha, boli rahyo chhu.
चालक-पुणे के लिए आपका ट्रंक कॉल ...अपने व्यक्ति से बात कीजिए।	ઓપ.- પુણે માટે તમારો ટ્રંક કૉલ…તમારા મિત્રથી વાત કરો.	Opretor—Pune mate tamaro trank kol... tamara mitra thi vaat karo.
ग्राहक-आपका बहुत धन्यवाद।	ગ્રાહક- તમારો ખૂબ આભાર!	Grahak—Tamaro Khub Aabhar!
ग्राहक-हेलो,	ગ્રાહક - હેલો, યશ	Grahak—Helo,

यश शाह?	શાહ?	Yash Shah?
यश-बोल रहा हूं।	યશ- બોલી રહ્યો છું.	Yash—Boli rahyo chhu.
ग्राहक-दिल्ली से, अमित बोल रहा हूं।	ગ્રાહક- દિલ્લીથી, અમિત બોલી રહ્યો છું.	Grahak—Dillithi Amit boli rahyo chhu.
यश-अच्छा! तुम्हारे पिता जी तुम्हारे बारे में बहुत चिंतित थे।	યશ- સારું! તારા પિતાજી તારા વિશે ખૂબ ચિંતિત હતા.	Yash—Saaru! tara pitaji tara vishe khub chintit hata.
अमित-मैं यहां कल ही पहुंचा।	અમિત- હું અહીંયા કાલે જ પહોંચ્યો.	Amit—Hu ahinya kaale j pahonchyo.
यश-परिवार में सभी कैसे हैं? मेरी भाभी तुम्हारी मां जी कैसी हैं।	યશ- પરિવારમાં બધા કેમ છે? મારી ભાભી તમારી માતાજી કેમ છે?	Yash—Pariwarma badha kem chhe? Mari bhabhi- tamari mataji kem chhe?
अमित-सभी ठीक-ठाक हैं मेरे पिता जी कहां हैं?	અમિત -બધા સરસ છે. મારા પિતાજી ક્યાં છે?	Amit—badha saras **chhe**. Mara pitaji kya chhe?
यश-वह एक साहित्य-गोष्ठी में गए हैं।	યશ- તે એક સાહિત્ય-ગોષ્ઠીમાં ગયા છે.	Yash—Te ek sahitya gosthima gaya chhe.
अमित-वह कैसे हैं?	અમિત- તે કેમ છે?	Amit—Te kem chhe?
यश- मेरे भाई जी? वह स्वस्थ-प्रसन्न हैं। वह एक वर्गीकृत शब्दकोश संपादित करने में व्यस्त हैं।	યશ - મારા ભાઈજી? તે સ્વસ્થ-ખુશ છે. તે એક વર્ગીકૃત શબ્દકોશ સંપાદિત કરવામાં વ્યસ્ત છે.	Yash—Mara bhaiji? Te swastha-khush chhe. Te ek vargikrit shabda-kosh sampadit karvama vyast chhe.
अमित-फूफाजी कैसे हैं?	અમિત- ફૂઆજી કેમ છે?	Amit—Fuaaji kem chhe?
यश-वह ठीक-	યશ- ખૂબ સારા.	Yash—Khub sara-

ठाक हैं! आज बम्बई गए हैं।	આજે મુંબઈ ગયા છે.	**chhe**. Aaje Mumbai gaya chhe.
अमित-अभी काम कितना बाकी है?	અમિત- હજું કામ કેટલું બાકી છે?	Amit—Haju kaam ketlu baki chhe?
यश-काम तो लगभग हो चुका है। केवल पुनरावलोकन होना है।	યશ- કામ તો લગભગ થઈ ચુક્યું છે. ફક્ત પુનરાવલોકન બાકી છે.	Yash—Kaam to lagbhag thai chukyu chhe. Fakt punaravlokan baki chhe.
अमित-मेरे पिताजी से कहना कि वह मुझे कल साढ़े छः बजे फोन करें।	અમિત- મારા પિતાજીથી કહેજો કે તે મને કાલે સાડા છ વાગ્યે ફોન કરે.	Amit—Mara pitajithi kahejo ke te mane kaale sada chh vagye phon kare.
यश-ठीक है, मैं कह दूंगी।	યશ- ઠીક છે, હું કહી દઈશ.	Yash—thik chhe, hu kahi daish.
(वार्ता समाप्त करते हुए)	[વાર્તા સમાપ્ત કરતાં-કરતાં]	[Varta samapt karta]
ग्राहक-हेलो श्रीमान्! मेरी वार्ता समाप्त हो गयी है। कृपया पैसे बताइए।	ગ્રાહક- હેલો શ્રીમાન! મારી વાત સમાપ્ત થઈ ગઈ છે. કૃપા કરીને પૈસા બતાવો.	Grahak—Helo shriman! Mari vaat samapt thai gai chhe. Krupa karine paisa batao.
चालक-साठ रुपये श्रीमान्।	ઓપ.- ૬૦ રૂપિયા, શ્રીમાન.	Opretor—60 rupiya shriman!
ग्राहक-आपका धन्यवाद।	ગ્રાહક - તમારો આભાર!	Grahak—**Tamaro** Aabhar!

*—छः पांच चार तीन। - છ, પાંચ, ચાર, ત્રણ.

—दो शून्य तीन छः शून्य छः - +બે શૂન્ય ત્રણ છ શૂન્ય છ

—एक शून्य शन्य दो। - ×એક શૂન્ય શૂન્ય બે

भ्रमण के बारे में
ભ્રમણની બાબતમાં

आभा-पूजा, क्या तुम कभी महाबलीपुरम् गई हो?	આભા-પૂજા, શું તું ક્યારેય મહાબલીપુરમ્ ગઈ છે?	**abha**—**Puja**, Shu tu kyarey Mahabali-puram gai chhe?
पूजा-नहीं, मैं इसके लिए कभी समय नहीं निकाल पाई।	પૂજા- ના, હું એના માટે ક્યારેય સમય નથી કાઢી શકી.	**Puja**—Na, hu ena mate kyarey samay nathi kadhi shaki.
आभा-थोड़ा-सा घूम-घाम आओ। तुम्हें बहुत अच्छे दृश्य देखने को मिलेंगे।	આભા- થોડું-એવું ફરીને આવો, તને ખૂબ સારા દશ્ય જોવા મળશે.	**abha**—**Thodu evu** farine aavo, tane **khub sara** drashya jova malshe.
पूजा-ठीक है, कल मैं अपने पिताजी के साथ इस लघु भ्रमण पर जाऊँगी।	પૂજા- ઠીક છે, કાલે હું મારા પિતાજીની સાથે આ નાના ભ્રમણ પર જઈશ.	**Puja**—**Thik chhe,** kale hu mara pitajini sathe aa nana bhraman per jaish.
(दूसरे ही दिन आभा पूजा से पूछती है)	[બીજા જ દિવસે આભા પૂજાથી પૂછે છે]	[Bija j divse Aabha **Puja** thi puchhe chhe.]
आभा-तुम्हें महाबली-पुरम् कैसा लगा?	આભા- તને મહાબલી-પુરમ્ કેવું લાગ્યું?	**abha**—Tane Mahabali-puram kevu lagyu?
पूजा-दरअसल यह बड़ा अद्भूत था।	પૂજા - હકીકતમાં તે ખૂબ અદ્ભુત હતું.	**Puja**—Hakikatma te khub adbhut hatu.

Hindi	Gujarati	Transliteration
आभा–समुद्रतट पर स्थित मूर्तिशिल्प को तुमने नहीं देखा क्या?	આભા- સમુદ્રતટ પર સ્થિત મૂર્તિશિલ્પને તે ના જોયું શું?	**abha**—Samudratat per sthit murtishilpne te na joyu?
पूजा–सचमुच देखा है। पर मैं इसकी ओर किसी धार्मिक भावना के कारण आकृष्ट नहीं हुई।	પૂજા - ખરેખર જોયું છે. પણ હું એની તરફ કોઈ ધાર્મિક ભાવનાને કારણે આકર્ષિત ના થઈ.	**Puja**—Kharekhar Joyu chhe. Pan hu eni taraf koi dharmik bhawana ne karne akarshit naa thayee.
आभा–मेरा दृष्टिकोण समझो। तुम एक कवयित्री हो। क्या तुम महाबलीपुरम् के आस-पास फैले मूर्तिशिल्प में कला कर्म नहीं देखतीं?	આભા- મારો દષ્ટિકોણ સમજો. તું એક કવયિત્રી છો. શું તું મહાબલીપુરમ્‌ની આસપાસ ફેલાયેલા મૂર્તિશિલ્પમાં કલાકર્મ નથી જોતી?	**abha**—Maro dristikon samjho. Tu ek kavayitri chhe. Shu tu Mahabalipuram ni aaspas felayela Murtishilpma kalakarm nathi joti?
पूजा–सचमुच उनमें कला कर्म है और उसकी प्रशंसक हूं। मैं सचमुच प्रभावित भी हुई।	પૂજા- ખરેખર એમનામાં કલા કર્મ છે અને એની પ્રશંસક છું. હું ખરેખર પ્રભાવિત પણ થઈ.	**Puja**—Kharekhar emnama kalakarm chhe ane hu eni prashansak chhu. Hu kharekhar prabhavit pan thai.
आभा–इसको छोड़ो। वैसे समुद्र के दृश्य से तुमने कितना आनंद लिया?	આભા- એને છોડો. તે સમુદ્રના દશ્યથી કેટલો આનંદ લીધો?	**abha**—ene chhodo. Te samudrana drashyathi ketlo anand lidho?
पूजा–मैं शब्दों में अभिव्यक्त नहीं कर सकती। वास्तव में यह अद्भुत था।	પૂજા- હું શબ્દોમાં અભિવ્યક્ત નથી કરી શકતી. હકીકતમાં એ અદ્ભુત હતું.	**Puja**—Hu shabdoma abhivyakta nathi kari sakti. Hakikatma e adbhut hatu.

यात्रा के बारे में
યાત્રાની બાબતમાં

उमा-पिताजी, आप दो मास बाद लौटे हैं। बताइए न, आपने कौन-से स्थान देखे।	ઉમા- પિતાજી, તમે બે મહીના પછી પાછા આવ્યા છો, બતાવો તમે કયા સ્થાન જોયા.	Uma—Pitaji, tame be mahina pachhi pachha aavya chho, batao tame kaya sthan joya.
पिता- मैं भारत-भर भ्रमण करके लौटा हूं।	પિતા- હું ભારતભર ભ્રમણ કરીને પાછો આવ્યો છું.	Pita—Hu Bharat- bhar bhraman karine pachho avyo chhu.
उमा-पिताजी, पहले आप कहां गए?	ઉમા- પિતાજી, પહેલાં તમે ક્યાં ગયા?	Uma—Pitaji, pahela **tame kya gaya**?
पिता-सबसे पहले मैं दिल्ली गया। दिल्ली भारत की राजधानी है।	પિતા- સૌથી પહેલાં હું દિલ્લી ગયો. દિલ્લી ભારતની રાજધાની છે.	Pita—Sauthi pahela hu Dilli gayo. Dilli Bharatni rajdhani chhe.
उमा-आपने दिल्ली में क्या देखा?	ઉમા- તમે દિલ્લીમાં શું જોયું?	Uma—**tame** Dillima shu joyu?
पिता-मैंने पुरानी दिल्ली में लाल-किला देखा। नई दिल्ली में केंद्रीय सचिवालय, बिरला मंदिर और कुतुब मीनार देखे।	પિતા- મેં જૂની દિલ્લીમાં લાલ કિલ્લો જોયો. નવી દિલ્લીમાં કેન્દ્રીય સચિવાલય, બિરલા મંદિર અને કુતુબ મીનાર જોયાં.	Pita—Me juni Dillima Lal Killo joyo. Navi Dillima Kendriya Sachivalaya, Birla Mandir ane Kutab Minar joya.
उमा-उसके बाद आप कहां गए?	ઉમા- એના પછી તમે ક્યાં ગયા?	Uma—ena pachhi **tame kya gaya**?
पिता-फिर मैं बम्बई गया। बम्बई भारत की सबसे बड़ी बंदरगाह है।	પિતા - પછી હું મુંબઈ ગયો. મુંબઈ ભારતનું સૌથી મોટું બંદરગાહ છે.	Pita—Pachhi hu Mumbai gayo. Mumbai Bharatnu sauthi motu

		bandargah chhe.
उमा-तब तो आपने समुद्र और बड़े-बड़े जहाज देखे होंगे।	ઉમા- ત્યારે તો તમે સમુદ્ર અને મોટાં-મોટાં જહાજ જોયા હશે.	Uma—Tyare to tame samudra ane mota-mota jahaz joya hashe.
पिता-हां, मैंने बहुत जलयान देखे।	પિતા- હા, મેં ઘણાં જળયાન જોયાં.	Pita—Ha, me ghana jalyaan joya.
उमा-पिताजी, आप आगरा नहीं गए क्या?	ઉમા-પિતાજી, તમે આગરા ના ગયા કે શું?	Uma—Pitaji, tame agra na gaya ke shu?
पिता-अरे हां, मैं आगरा भी गया ताज देखा और एक दिन के लिए मथुरा भी रुका	પિતા- અરે હા, હું આગરા પણ ગયો. તાજ જોયો અને એક દિવસ માટે મથુરા પણ રોકાયો.	Pita—Are ha, hu agra pan gayo. Taj joyo ane ek divas mate Mathura **pan** rokayo.
उमा-पिताजी, क्या आप मानचित्र पर उन स्थानों को दिखा सकते हैं जो अपने देखे हैं?	ઉમા-પિતાજી, શું તમે નક્શા પર એ સ્થાનોને બતાવી શકો છો, જે તમે જોયા છે?	Uma—Pitaji, shu **tame naksha per** e sthanone batavi shako chho, je tame joya chhe?
पिता-क्यों नहीं मेरी बेटी अपना मानचित्र लाओ। मैं तुम्हें सब कुछ दिखाीँगा।	પિતા- શા માટે નહીં, મારી પુત્રી. પોતાનો નક્શો લાવો. હું તને બધું જ બતાવીશ.	Pita—Sha mate nahi mari putri, Potano naksho lavo. hu tane badhu j batavish.
उमा-धन्यवाद पिताजी।	ઉમા- આભાર પિતાજી!	Uma—Aabhar pitaji.
पिता-ठीक है, मेरी बिटिया।	પિતા- ઠીક છે, મારી દીકરી.	Pita—**Thik chhe,** mari dikari.

•••

अड़तालीसवीं सीढ़ी - ૪૮મું પગથિયું

ग्रामीण और शहरी
ગ્રામીણ અને શહેરી

शहरी-आप कैसे हैं! मैं आपको बहुत दिनों बाद देख रहा हूं।	શહેરી- તમે કેમ છો! હું તમને ઘણાં દિવસો પછી જોઈ રહ્યો છું.	Shahri— **tame kem** chho! Hu tamne ghana divso pachhi joi rahyo chhu.
ग्रामीण-हां मित्र, मैं यहां एक विशेष काम से आया हूं और इसी रात को वापस लौट जाउंगा।	ગ્રામીણ - હા, મિત્ર, હું અહીંયા એક વિશેષ કામથી આવ્યો છું અને આજે જ રાત્રે પાછો ચાલ્યો જઈશ.	Gramin—Ha Mitra, Hu ahiya ek vishes kamthi **aavyo chhu ane** aaje j raatre pachho chalyo jaish.
शहरी-इतनी जल्दी क्यों? क्या आप शहरों में रहने से हिचकते हैं?	શહેરી- આટલી જલ્દી કેમ? શું તમે શહેરોમાં રહેવાથી મુશ્કેલી અનુભવો છો?	Shahri—Aatli jaldi kem? Shu tame shaheroma rahevathi mushkeli anubhavo chho?
ग्रामीण-हां महाशय, मुझे कतई पसंद नहीं। मुझे शहर के गंदे वातावरण में कुछ मजा नहीं आता-भीड़भाड़ से मैं बौखला उठता हूं।	ગ્રામીણ - હા મહાશય, મને સહેજપણ પસંદ નથી. મને શહેરના ગંદા વાતાવરણમાં મજા નથી આવતી- ભીડભાડથી હું કંટાળી જાઉં છું.	Gramin—Ha Mahashay, mane shaher sahejpan pasand nathi. mane shaherna ganda vatavaranma maja nathi avti- bhidbhadthi hu kantali jaau chhu.

शहरी-आश्चर्य! आप भीड़-भाड़ के बिना जीवन का आनंद कैसे लेते हैं? मैं तो गांव की शांति और चुप्पी को बर्दाश्त ही न कर पाउंगा। उससे मैं पागल हो उठूंगा।	શહેરી- આશ્ચર્ય! તમે ભીડ-ભાડ વગર જીવવાનો આનંદ કેવી રીતે લો છો? હું તો ગામની શાંતિ અને ચુપ્પીને સહન જ ના કરી શકું. એનાથી હું પાગલ થઈ ઊઠું.	Shahri—aschary! Tame bhid-bhad vagar jivvano anand **kevi rite lo chho?** Hu to gaamni shanti ane chuppine sahan j na kari shaku. Enathi hu pagal thai uthu.
ग्रामीण-हर व्यक्ति का अपना दृष्टिकोण होता है। पर मैं ग्रामीण सौंदर्य को अधिक प्यार करता हूं।	ગ્રામીણ - દરેક વ્યક્તિનો પોતાનો દૃષ્ટિકોણ હોય છે. પણ હું ગ્રામીણ સૌંદર્યને વધારે પ્રેમ કરું છું.	Gramin—Darek vvaktino potano drashtikon hoy chhe. Pan hu gramin saundarya ne vadhare prem karu chhu.
शहरी-क्या आप इस आधुनिक युग का कुछ भी अपने गांव में पाते हैं?	શહેરી - શું તમે આ આધુનિક યુગનું કશું પણ તમારા ગામમાં મેળવો છો?	Shahri—Shu tame aa aadhunik yugnu kashu pan tamara gaamma melvo chho?
ग्रामीण-जो चीज गांव में मिल सकती है वह शहर में कदापि नहीं।	ગ્રામીણ - જે વસ્તુ ગામમાં મળી શકે છે, તે શહેરમાં ક્યારેય નહીં.	Gramin—Je vastu gaamma mali shake chhe, te shaherma kyarey nahi!
शहरी-ओह! क्या आप वातावरण में अकेले रहना चाहते हैं? आप का जीवन सिनेमा, खेलकूद और दूसरी सामाजिक गतिविधियों के बिना	શહેરી- ઓહ! શું તમે વાતાવરણમાં એકલા રહેવા ઈચ્છો છો? તમારું જીવન સિનેમા, ખેલકૂદ અને બીજી સામાજિક ગતિવિધિઓ વગર	Shahri—Oh! Shu tame vatavaranma ekla raheva ichchho chho? tamaru jivan sinema, khelkud ane biji samajik

नीरस नहीं हो जाएगा?	નીરસ થઈ જાય.	gatividhio vagar niras nahi thayee jaay?
ग्रामीण-मेरा विचार है, वह अपेक्षाकृत अच्छा रहेगा। निःसंदेह शहर ने मानव जीवन को मशीन बनाकर रख दिया है।	ગ્રામીણ - મારો વિચાર છે, તે અપેક્ષાકૃત સારું રહેશે. નિ:સંદેહ શહેરે માનવ જીવનને મશીન બનાવીને રાખી દીધું છે.	Gramiṇ—Maro vichar chhe, te apeksakrut saaru raheshe. Ni:sandeh shahere manav jivanne mashin banavine rakhi didhu chhe.
शहरी-परंतु क्या कोई राष्ट्र बिना अपने बड़े शहरों के फल-फुल सकता है?	શહેરી- પરંતુ શું કોઈ રાષ્ટ્ર પોતાના મોટા શહેરો વગર ફલી-ફૂલી શકે છે?	Shahri—Parantu shu koi rashtra potana mota shaharo **vagar** fali-fuli shake chhe.
ग्रामीण-पर यह मत भूलिए कि हमारे राष्ट्र की नींव हमारे गांवों पर टिकी है। गांवों की दशा सुधारे बिना राष्ट्र उन्नति नहीं कर सकता।	ગ્રામીણ - પણ એ ના ભૂલો કે, આપણાં રાષ્ટ્રનો પાયો આપણા ગામો પર ટકેલો છે. ગામોની દશા સુધાર્યા વગર રાષ્ટ્ર પ્રગતિ નથી કરી શકતો.	Gramin—Pan e na bhulo ke, aapna rashtrano payo aapna gaamo per takelo chhe. gaamoni dasha sudharya vagar rashtra pragati nathi kari shakto.
शहरी-मैं इसे स्वीकार करता हूं पर मैं शहर को छोड़ने की बात नहीं सोच सकता।	શહેરી- હું એને સ્વીકાર કરું છું, પણ હું શહેર છોડવાની વાત નથી વિચારી શકતો.	Shahri—Hu ene swikar karu chhu, pan hu shaher chhodvani vaat nathi vichari sakto.

ग्रामीण-अच्छी बातचीत के लिए आपका धन्यवाद! अब मैं थोड़ा जल्दी में हूं। जब भी समय मिलेगा, हम फिर बात करेंगे। अच्छा चलता हूं।	ગ્રામીણ - સારી વાતચીત માટે તમારો આભાર! હવે હું થોડો જલ્દીમાં છું. જ્યારે પણ સમય મળશે, આપણે ફરી વાત કરીશું. સારું આવજો!	Gramin—Saari vatchit mate **tamaro Aabhar!** Have hu thodo jaldima chhu. Jyare pan samay malshe, aapne fari vaat karishu. Saaru Aavjo!
शहरी-अच्छा विदा! फिर मिलेंगे।	શહેરી - સારું આવજો! ફરી મળીશું.	Shahri—Saaru Aavjo! fari malishu.

•••

उनचासवीं सीढ़ी - ૪૯મું પગથિયું

डॉक्टर और रोगी
ડૉક્ટર અને દર્દી/રોગી

रोगी-नमस्कार डॉक्टर साहब! क्या आप कुछ मिनट मुझे दे सकेंगे?	રોગી- નમસ્કાર ડૉક્ટર સાહેબ! શું તમે મને થોડી મિનિટ આપી શકશો?	Rogi—Namaskar Doktar saheb! Shu tame mane thodi minit aapi shaksho?
डॉक्टर-क्यों नहीं? बैठिए...अब बताइए, आपको क्या हुआ है?	ડૉક્ટર- શા માટે નહીં? બેસો... હવે બતાવો, તમને શું થયું છે?	Doktar—Sha mate nahi? Besho..have batavo, tamne shu thayu chhe?

Hindi	Gujarati	Transliteration
रोगी-मेरी भूख मर गई है। मैं हर समय बदहजमी से ग्रस्त रहता हूं। और सबसे खराब बात यह है कि मैं रात को सो नहीं पाता।	રોગી- મારી ભૂખ મરી ગઈ છે. હું દરેક સમયે પેટ ખરાબ રહેવાથી ગ્રસ્ત રહું છું અને સૌથી ખરાબ વાત એ છે કે, હું રાત્રે સૂઈ નથી શકતો.	Rogi—Mari bhukh mari gai chhe. Hu darek samaye pet kharab rahevathi grast rahu chhu. ane sauthi kharab vaat e chhe ke, hu raatre sui nahi shakto.
डॉक्टर-ओह, यह बात है। आप करते क्या हैं?	ડૉક્ટર - ઓહ, આ વાત છે. તમે શું કરો છો?	Doktar—Oh, aa vaat chhe. tame shu karo chho?
रोगी-मैं प्रवर प्रूफ संशोधक हूं- एक प्रतिष्ठित छपाई खाने में। मुझे अपनी कुर्सी पर घंटों तक काम करना पड़ता है।	રોગી - હું સિનિયર પ્રૂફ રીડર છું- એક પ્રતિષ્ઠિત પ્રેસમાં. મારે પોતાની ખુરશી પર કલાકો સુધી કામ કરવું પડે છે.	Rogi—Hu sinior pruf reader chhu ek pratishthit pressma. Mare potani khurshi per kalako sudhi kaam karvu pade **chhe.**
डॉक्टर-क्या आप शाम की सैर के अभ्यस्त हैं?	ડૉક્ટર- શું તમે સાંજની સહેલના અભ્યસ્ત છો?	Doktar—Shu tame saanjni sahelna abhyast chho?
रोगी-नहीं डॉक्टर साहब! मैं शाम को सैर नहीं करता। जब मैं घर, पहुंचता हूं तो मैं बड़ा थका महसूस करता हूं। बस, मैं खाना खाता हूं और लेट जाता हूं।	રોગી- ના, ડૉક્ટર સાહેબ! હું સાજે સહેલ નથી કરતો. જ્યારે હું ઘેર પહોંચું છું, તો હું ખૂબ થાક અનુભવુ છું. બસ, હું ખાવાનું ખાઈને સૂઈ જાઉં છું.	Rogi—Na Doktar saheb! Hu. sanje sahel nathi karto.Jyare hu gher pahonchu chhu, to hu khub thaak anubhavu chhu. Bas, hu khavanu khai ne sui jaau chhu.

डॉक्टर-मेरे विचार से, तुम्हारी परेशानियों की जड़ तुम्हारा अस्त व्यस्त जीवन ही है। आराम कर और नियमित शारीरिक श्रम करो।	ડૉક્ટર- મારા વિચારથી, તમારી પરેશાનીનું મૂળ, તમારું અસ્ત-વ્યસ્ત જીવન જ છે. આરામ કરો અને નિયમિત શારીરિક શ્રમ કરો.	Doktar—Mara vicharthi, tamari pareshaninu mul, tamaru ast-vyast jivan j chhe. Aaram karo ane niymit shaaririk shram karo.
रोगी-मैं आपसे सहमत हूं। मैं लम्बे समय से कोई अवकाश नहीं पा सका।	રોગી - હું તમારાથી સંમત છું. હું લાંબા સમયથી કોઈ રજા નથી મેળવી શક્યો.	Rogi—Hu tamarathi sammat chhu. Hu lamba samaythi koi raja nathi melvi shakyo.
डॉक्टर-अच्छा तो मैं आपको सलाह दूंगा कि आप कुछ समय के लिए ग्रामीण क्षेत्र में जाएं। दरवाजे खुले रखकर खुली हवा में आराम करें सुबह-शाम सैर करें। अपनी खुराक ठीक करावें। आराम और विश्राम में नियमित बनें। मैं समझता हूं इन निर्देशों को अपनाकर आप थोड़े समय में ही बिल्कुल स्वस्थ हो जाएंगे।	ડૉક્ટર - સારું તો હું તમને સલાહ આપીશ કે, તમે થોડા સમય માટે ગ્રામીણ ક્ષેત્રમાં જાઓ. દરવાજા ખુલ્લા રાખીને ખુલ્લી હવામાં આરામ કરો. સવાર-સાંજ સહેલ કરો. પોતાનો ખોરાક ઠીક કરાવો. આરામ અને વિશ્રામમાં નિયમિત બનો. હું સમજું છું, આ નિર્દેશોને અપનાવીને તમે થોડા સમયમાં જ બિલ્કુલ સ્વસ્થ થઈ જશો.	Doktar—Saaru, to hu tamne salah aapish ke, tame **thoda samay** mate gramin kshetrama jaoo. Darvaja khulla rakhine khulli hawama aaram karo. **sawar-saanj** sahel karo. Potano khorak thik karavo. **Aaram ane vishramma** niymit bano. Hu samju chhu, aa nirdeshone apnavine tame thoda

		samay ma j bilkul swastha thai jasho.
रोगी-धन्यवाद, डॉक्टर! मैं आपके निर्देशों का अवश्य पालन करूंगा। धन्यवाद!	રોગી - આભાર, ડૉક્ટર! હું તમારા નિર્દેશોનું અવશ્ય પાલન કરીશ. આભાર!	Rogi—Aabhar, Doktar! Hu tamara nirdeshonu awashya palan karish! Aabhar!
डॉक्टर-दस दिनों बाद आइएगा। मेरा विचार है, आपके स्वास्थ्य में सुधार होगा।	ડૉક્ટર- દસ દિવસો પછી આવજો. મારો વિચાર છે, તમારા સ્વાસ્થ્યમાં સુધાર થશે.	Doktar—Das divso pachhi aavjo. Maro vichar chhe, tamara swasthyama sudhar thashe.

•••

पचासवीं सीढ़ी - ૫૦મું પગથિયું

आत्मपरिचय
આત્મપરિચય

1. मेरा नाम शहनाज	મારું નામ શહેનાજ છે.	Maru naam shahenaj chhe.
2. मैं भारतीय हूं और पुणे में रहती हूं।	હું ભારતીય છું અને પુણેમાં રહું છું.	Hu Bhartiy chhu. ane Punema rahu chhu.
3. मैं सत्रह वर्ष की हूं।	હું ૧૭ વર્ષની છું.	Hu 17 varshni chhu.
4. मैं कुमारी हूं।	હું કુંવારી છું.	Hu kunwari chhu.
5. मैं छात्रा हूं और दसवीं कक्षा में पढ़ती हूं।	હું વિદ્યાર્થિની છું અને દસમા ધોરણમાં ભણું છું.	Hu vidhyarthini chhu ane dasma dhoranma bhanu chhu.

Hindi	Gujarati	Transliteration
6. मेरे पिताजी पी. एम. टी. में वरिष्ठ अधिकारी है।	મારા પિતાજી પી. એમ.ટીમાં વરિષ્ઠ અધિકારી છે.	Mara pitaji P.M.T.ma varishth adhikaari chhe.
7. मेरे दो भाई और तीन बहनें हैं।	મારા બે ભાઈ અને ત્રણ બહેનો છે.	Mara be bhai ane tran baheno chhe.
8. मेरे भाईसाहब अभियन्ता हैं।	મારા ભાઈસાહેબ અભિયંતા છે.	Mara bhaisaheb abhiyanta chhe.
9. मेरे छोटा भाई दयालु हृदय है।	મારો નાનો ભાઈ ખૂબ દયાળું છે.	Maro nano bhai khub dayalu chhe.
10. मीनाज, गुलनार और दिलशाद मेरी छोटी बहनें हैं।	મીનાજ, ગુલનાર અને દિલશાદ મારી નાની બહેનો છે.	Minaz, Gulnar ane Dilshad mari naani baheno chhe.
11. वे मुझसे अधिक अक्लमंद हैं।	તેઓ મારાથી વધારે હોંશિયાર છે.	Teo marathi vadhare honshiyar chhe.
12. मेरे जीवन का उद्देश्य वैज्ञानिक बनना है।	મારા જીવનનો ઉદ્દેશ્ય વૈજ્ઞાનિક બનવાનો છે.	Mara jivanno uddeshya vaigyanik banvano chhe.
13. मैं विद्यालय साइकिल पर जाती हूं।	હું વિદ્યાલય સાઈકલ પર જાઉં છું.	Hu vidhyalay saikal per jaau chhu.
14. मैं प्रातः कुछ देर से उठती हूं।	હું સવારે થોડી મોડી ઊઠું છું.	Hu saware thodi modi uthu chhu.
15. मैं जानती हूं, यह बुरी आदत है।	હું જાણું છું, આ ખરાબ આદત છે.	Hu jaanu chhu, aa kharab aadat chhe.
16. इसके लिए मैं लज्जित हूं।	એના માટે હું શરમ અનુભવુ છું.	Ena mate hu sharam anubhavu chhu.
17. वास्तव में, मैं असहाय हूं।	હકીકતમાં, હું અસહાય છું.	Hakikatma, Hu asahay chhu.
18. मैं अपनी आदत सुधारना चाहती हूं।	હું પોતાની આદત સુધારવા ઈચ્છું છું.	Hu potani aadat sudharva ichchhu chhu.
19. मुझे आशा है, मैं इसे सुधार लूंगी।	મને આશા છે, હું એને સુધારી લઈશ.	Mane asha chhe, hu ene sudhari laish.
20. इस बुरी आदत को दूर करने के लिए मैं अपने परिवार के सदस्यों की सहायता चाहती हूं।	આ ખરાબ આદતને દૂર કરવા માટે હું પોતાના પરિવારના સદસ્યોની મદદ ઈચ્છું છું.	Aa kharab aadatne du karva mate hu potana pariwarna sadasyonni madad ichchhu chhu.

21. मैं स्नान करती हूं और खुदा की कृपा के लिए उसका धन्यवाद करती हूं।	હું સ્નાન કરું છું અને ખુદાની કૃપા માટે એનો આભાર વ્યક્ત કરું છું.	Hu snan karu chhu ane khudani krupa mate eno aabhar vyakt karu chhu.
22. मेरे कुछ पत्र-मित्र भी है।	મારા કેટલાંક પત્ર-મિત્ર પણ છે.	Mara ketlaak patra-mitra pan chhe.
23. मैं उन्हें जब-तब पत्र लिखती हूं।	હું એમને ગમે ત્યારે પત્ર લખું છું.	Hu emne game tyare patra lakhu chhu.
24. मैं बड़ों का आदर करती हूं और छोटों से प्यार।	હું વડીલોનો આદર કરું છું અને નાનાઓથી પ્રેમ.	Hu vadilono aadar karu chhu ane nanaothi prem.
25. मेरी मातृभाषा मराठी है परंतु मैं हिंदी भी जानती हूं।	મારી માતૃભાષા મરાઠી છે, પરંતુ હું હિન્દી પણ જાણું છું.	Mari matrubhasha Marathi chhe, parantu Hu hindi pan janu chhu.
26. मैं दिल्ली में दो दिन और रुकूंगी।	હું દિલ્લીમાં બે દિવસ વધારે રોકાઈશ.	Hu Dillima be divas vadhare rokaish.
27. मैं लाल किला, कुतुब मीनार, जामा मस्जिद, निजामुद्दीन दरगाह और बिरला मंदिर जाींगी।	હું લાલ કિલ્લો, કુતુબ મીનાર, જામા મસ્જિદ, નિજામુદ્દીન દરગાહ અને બિરલા મંદિર જઈશ.	Hu lal killo, kutub minar, jama masjid, nizamuddin dargah ane birla mandir jaish.
28. सबसे पहले मैं भारतीय हूं। मैं अपने सभी देश-वासी से प्यार करती हूं।	સૌથી પહેલાં હું ભારતીય છું. હું મારા બધા દેશવાસીથી પ્રેમ કરું છું.	Sauthi pahela hu bhartiy chhu. Hu mara badha desh-vasithi prem karu chhu.
29. मैं अपने देश के लिए एक लाभ-दायक नागरिक बनना चाहती हूं।	હું મારા દેશ માટે એક લાભદાયક નાગરિક બનવા ઇચ્છું છું.	Hu mara desh mate ek labhdayak nagrik banva ichchhu chhu.
30. मैं इस वर्ष पढ़ाई के लिए इंग्लैंड जाउंगी।	હું આ વર્ષે અભ્યાસ માટે ઇંગ્લેન્ડ જઈશ.	Hu aa varshe abhyas mate England jaish.
31. मैं तकल्लुफ गें विश्वास नहीं रखती।	હું ઔપચારિકતામાં વિશ્વાસ નથી રાખતી.	Hu opchariktama viswas nathi raakhti.

32. आपके आतिथ्य के लिए मैं आपका हृदय से धन्यवाद करती हूं।	તમારા આતિથ્ય માટે હું તમારો હ્દયથી આભાર વ્યક્ત કરું છું.	**Tamara aatithya mate** hu tamaro radaythi aabhar vyakt karu chhu.
33. अंततः मुझे विश्वास है कि आप मेरी त्रुटियों को क्षमा करेंगे।	અંતે, મને વિશ્વાસ છે કે તમે મારી ભૂલોને ક્ષમા કરશો.	Ante, mane vishwas chhe ke tame mari bhulone kshma karsho.
34. मैं सदा हरेक के प्रति ईमानदार बनी रहना चाहती हूं।	હું હંમેશાં દરેક પ્રતિ પ્રામાણિક બનીને રહેવા ઈચ્છું છું.	Hu hamesha darek prati pramanik banine raheva ichchhu chhu.

•••

मुहावरे एवं लोकोक्तियां
કહેવતો અને લોકોક્તિઓ

मुहावरे - કહેવતો

1. अंधे की लाठी — Andhe ki lathi — અંધની લાકડી

प्रयोग-વૃદ્ધ માતા-પિતા માટે પુત્ર જ અંધની લાકડી છે.

2. अक्ल का दुश्मन — Akla ka dushman — અક્કલનો દુશ્મન

प्रयोग- તે તો અકલનો દુશ્મન છે, એનાથી કોઈ આશા ના રાખો.

3. अक्ल पर पत्थर पड़ना — Akla par patthar padna — અકલ પર પથ્થર પડવો

प्रयोग- સુરેશની અકલ પર પથ્થર પડ્યો છે, ત્યારે જ તો એણે પોતાનું બધું જ ગુમાવી દીધું.

4. अपने मुंह मियां मिट्ठु बनाना — Apne munh miyan mitthu banana — પોતાના મોઢે જ વખાણ કરવા

प्रयोग- કશું કરશો પણ કે એમ જ પોતાના જ મોઢે પોતાના વખાણ કરતા રહેશો.

5. आंखें बिछाना — Ankhe bichhana — આંખો પસારવી

प्रयोग-વરરાજાના સ્વલાગતમાં લોકો આંખ પસારીને બેઠા હતા.

6. आंख का तारा — Ankh ka tara — આંખનો તારો.

प्रयोग-બાળક પોતાના માતા-પિતાની આંખનો તારો હોય છે.

7. आंख की किरकिरी | **ankh ki kirkiri** | આંખની કિરકિરી

8. आकाश-पाताल एक करना | **akash patal ek karna** | આકાશ-પાતાળ એક કરવું

प्रयोग-એણે પોતાની ગરીબી દૂર કરવા માટે આકાશ-પાતાળ એક કર્યું.

9. आस्तीन का सांप | **astin ka sanp** | આસ્તીનનો સાપ

प्रयोग- રવિ તો બિલ્કુલ આસ્તીનનો સાપ છે, એનાથી દૂર જ રહેવું જોઈએ.

10. ईंट से ईंट बजाना | **Int se int bajana** | કાટલું કાઢવું.

प्रयोग- વીર હનુમાને લંકાનું કાટલું કાઢ્યું હતું.

11. ईंद का चांद | **Ied ka chand** | ઈદનો ચાંદ

प्रयोग- દેવેન્દ્ર તું તો ઈદનો ચાંદ થઈ ગયો છે. ક્યાં રહે છે આજકાલ?

12. उंगली उठाना | **Ungli uthana** | આંગળી ઉઠાવવી

प्रयोग- ચરિત્રહીન વ્યક્તિની તરફ બધા આંગળી ઉઠાવે છે.

13. उलटी गंगा बहाना | **Ulti ganga bahana** | ઉલ્ટી ગંગા વહાવવી

प्रयोग- જો આમ જ ઉલટી ગંગા વહાવશો તો સફળતા તમારાથી દૂર જ રહેશે.

14. उन्नीस-बीस का अंतर | **Unnis bis ka antar** | ઓગણીસ-વીસનું અંતર

प्रयोग- બંને મિત્રોના સ્વભાવમાં ઓગણીસ-વીસનું અંતર છે.

15. एक ही लाठी से हांकना | **Ek hi lathi se hankana** | એક જ લાકડીથી હાંકવું

प्रयोग- બધાને એક જ લાકડીથી હાંકવાની નીતિ યોગ્ય નથી.

16. एड़ी चोटी का ज़ोर लगाना | **Eri choti ka zor lagana** | એડી ચોટીનું જોર લગાવવું

प्रयोग- રમેશે તો ચૂંટણી જીતવા માટે એડી ચોટીનું જોર લગાવ્યું, છતાં પણ તે અસફળ રહ્યો.

17. काठ का उल्लू | **Kath ka ullu** | કાઠનું ઘૂવડ

प्रयोग- એના પર યોગ્ય કામની આશા ના રાખો, તે તો કાઠનું ઘૂવડ છે.

18. खालाजी का घर | **Khalaji ka ghar** | ખાલાજીનું ઘર

प्रयोग- સૈનિક જીવન વિતાવવું ખાલાજીનું ઘર નથી.

19. खेत रहना | **Khet rahna** | શહીદ થવું

प्रयोग- અનેક સૈનિક માતૃભૂમિની રક્ષા માટે શહીદ થયા.

20. गड़े मुर्दे उखाड़ना | **Gare murde ukhadna** | દાટેલા મડદાં ઉખાડવા

प्रयोग- દાટેલાં મદદાં ઉખાડવાથી શું લાભ! વીતેલી વાતોને ભૂલી જવા જોઈએ.

21. घी के दिये जलाना Ghi ke diya jalana ઘીના દીવા પ્રગટાવવા

प्रयोग- કુખ્યાત ડાકૂના માર્યા જવા પર ગામવાસીઓએ ઘરોમાં ઘીના દીવા પ્રગટાવ્યા.

22. घाव पर नमक छिड़कना Ghav par namak chhidakna ઘા પર મીઠું ભભરાવવું

प्रयोग- હા પહેલાં જ ખૂબ સતાવેલો છું અને હવે તમે મારા ઘા પર મીઠું ભભરાવી રહ્યા છો!

23. चम्पत होना Champt hona ભાગી જવું

प्रयोग- પોલીસના આવતા જ ચોર ત્યાંથી ભાગી ગયો.

24. चल बसना Chal basna ચાલી જવું (નિધન થવું)

प्रयोग- રાજા દશરથ પુરુષોત્તમ રામના વિયોગમાં ચાલી ગયા.

25. चिकनी-चुपड़ी बातें करना Chikni-chupdi baten karna માખણ લગાવવું

प्रयोग- માખણ લગાવીને વાત કરીને અધ્યક્ષે વિપક્ષી નેતાઓને ફસાવવાનો પ્રયત્ન કર્યો.

26. छक्के छुड़ाना Chhakke chhudana છક્કા છોડાવવા

प्रयोग- યુદ્ધમાં ભારતીય સેનાએ પાકિસ્તાની સેનાના છક્કા છોડાવી દીધા.

27. छाती से लगाना Chhati se lagana છાતીથી લગાવવું.

प्रयोग- માતાએ વર્ષોથી વિખુટા પડેલા પુત્રને છાતીથી લગાવી દીધો.

28. जाल बिछाना Jal bichchana જાળ બિછાવવી

प्रयोग- મોહને અમિતને ફસાવવા માટે પોતાના કુચક્રોની જાળ બિછાવી.

29. जी का बोझ हलका होना Ji ka bojh halka hona મનનો ભાર હળવો થવો

प्रयोग- માતા-પિતાએ પુત્રીની કુશળતાના સમાચાર સાંભળ્યા, તો એમના મનનો ભાર હળવો થઈ ગયો.

30. जी-जान लड़ाना Ji-jan ladana જીવની બાજી લગાવવી

प्रयोग- સેનાનો સામનો કરવા માટે જીવની બાજી લગાવવી પડશે.

31. जीना दूभर होना Jina dubhar hona જીવવું દૂભર થવું

प्रयोग- આ મોંઘવારીના જમાનામાં ગરીબ વ્યક્તિનું જીવવું દૂભર થઈ ગયું છે.

32. जूतियां चटखाते फिरना Jutiyan chatkhate phirna જૂતા ઘસતા રહેવું

प्रयोग- કોઈ ઢંગનું કામ કરો, આ રીતે આખરે ક્યાં સુધી જૂતા ઘસતા રહેશો.

33. जलती आग में घी डालना | Jalti ag men ghi dalna | બળતી આગમાં ઘી હોમવું

प्रयोग- તે પહેલેથી જ ગુસ્સેથી ભરેલો હતો, તારી વાતોએ બળતી આગમાં ઘી હોમવાનું કામ કર્યું.

34. टका सा जवाब देना | Taka-sa javab dena | ટકાનો જવાબ આપવો

प्रयोग- રાકેશે એનાથી મદદ માંગી પરંતુ એણે ટકાનો જવાબ આપી દીધો.

35. टांग तले से निकलना | Tang tale se nikalna | પગ પાછા પડવા

प्रयोग- આખરે અંગ્રેજોના પગ પાછા પડી ગયા અને નિકળવું પડ્યું.

36. तारे गिनना | Tare ginana | તારા ગણવા

प्रयोग- હરીશ ચિંતા અને પરેશાનીને કારણે આખી રાત તારા ગણતો રહ્યો.

37. दम तोड़ना | Dam todna | દમ તોડવો

प्रयोग- ડૉક્ટરના પહોંચવાથી પહેલાં જ દર્દીએ દમ તોડી દીધો.

38. दाल में काला होना | Dal men kala hona | દાળમાં કાળું હોવું

प्रयोग- વાયદો કરીને પણ તે ના આવી, એટલે હું સમજી ગયો કે દાળમાં કાળું છે.

39. दुम दबाकर भागना | Dum dabakar bhagna | ઊભી પૂંછડીયે નાસવું

प्रयोग- લડાઈના મેદાનમાંથી દુશ્મનો ઊભી પૂંછડીએ નાસી છૂટ્યાં.

40. दौड़-धूप करना | Daur-dhup karna | રાત-દિવસ એક કરવો

प्रयोग- કૃષ્ણએ બહેનના લગ્ન માટે વર શોધવા રાત-દિવસ એક કર્યા.

41. दिन दुनी रात चौगुनी | Din duni rat chauguni | કૂદકે ને ભૂસકે

प्रयोग- મનોજ કૂદકે ને ભૂસકે પ્રગતિ કરી રહ્યો છે.

42. दांत खट्टे करना | Dant khatte karna | દાંત ખાટા કરવા (સફાયો કરવો)

प्रयोग- ચંદ્રશેખર આઝાદે અંગ્રેજોના દાંત ખાટા કરી દીધા હતા.

43. धूल में मिलाना | Dhul men milana | ધૂળમાં મિલાવી દેવું.

प्रयोग- સુરેન્દ્રએ માતા-પિતાની આશાઓને ધૂળમાં મિલાવી દીધી.

44. नौ दो ग्यारह होना Nau do gyarah hona પલાયન થઈ જવું.

प्रयोग- ખિસ્સુ કાપીને ખિસ્સાકાતરું પલાયન થઈ ગયો.

45. नमक-मिर्च लगाना Namak-mircha lagana મીઠું-મરચું લગાવવું

प्रयोग- કેટલીક સ્ત્રીઓ આપસમાં બીજાઓની વાતોને મીઠું-મરચું લગાવીને કહે છે.

46. नींद हराम होना Nind haram hona ઊંઘ હરામ થવી

प्रयोग- પુત્રીના લગ્નની ચિંતાને લીધે માતા-પિતાની ઊંઘ હરામ થઈ ગઈ છે.

47. पगड़ी उछालना Pagadi uchhalna આબરું કાઢવી

प्रयोग- આપણને કોઈની આબરું કાઢવાનો કોઈ અધિકારી નથી.

48. परदा उठाना Parda uthana પડદો ઉઠાવવો

प्रयोग-એ વ્યક્તિએ સમય રહેતાં પરદો ઉઠાવી દીધો, નહીં તો નિર્દોષ માર્યો જતો.

49. परदा डालना Parda dalna પડદો નાંખવો

प्रयोग- રામે વર્ષો સુધી આ વાત પર પરદો નાંખીને રાખ્યો.

50. पानी-पानी होना Pani-pani hona પાણી-પાણી થવું

प्रयोग-અનિલના દુર્વ્યસનોની ચર્ચા સાંભળીને એના માતા-પિતા પાણી-પાણી થઈ ગયા.

51. पानी फेरना Pani pherna પાણી ફેરવવું

प्रयोग- કુસંગતિમાં પડીને પુત્રએ માતા-પિતાની આશાઓ પર પાણી ફેરવી દીધું.

52. फूट-फूटकर रोना Phut-phutkar rona ધ્રૂસકે ધ્રૂસકે રડવું

प्रयोग-યુવાન બેટાની મૃત્યુના સમાચાર સાંભળી માં ધ્રૂસકે-ધ્રૂસકે રડવા લાગી.

53. फूले न समाना Phule na samana ફુલ્યા ના સમાવવું

प्रयोग-પુત્રની સફળતા પર માતા-પિતા ફૂલ્યા ના સમાયા.

54. बाल-बाल बचना Bal bal bachna વાળ વાંકો ના થવો

प्रयोग-કાર દુર્ઘટનામાં તેનો વાળ પણ વાંકો ના થયો.

55. बाट जोहना Bat johna વાટ જોવી

प्रयोग-મોડી રાત સુધી પત્ની પોતાના પતિની વાટ જોતી રહી.

56. मतलबी यार Matlabi yar સ્વાર્થનો સગો

प्रयोग-તે સ્વાર્થનો સગો છે, એના મતલબ સિવાય એને કોઈમાં રસ નથી.

57. मारे-मारे फिरना Mare-mare phirna માર્યા માર્યા ફરવું

प्रयोग-રમા નોકરીની શોધમાં મારી-મારી ફરી રહી છે.

58. मुंह में पानी भर आना | Munh men pani bhar ana | મોઢામાં પાણી આવવું

प्रयोग- દ્રાક્ષના ગુચ્છાને જોઈને શિયાળના મોઢામાં પાણી આવી ગયું.

59. मक्खियां मारना | Makkhiyan marna | માખીઓ મારવી

प्रयोग- નોકરીના અભાવમા નવયુવકો માખીઓ મારતા રહે છે.

60. मन के लड्डू पकाना | Man ke laddu pakana | હવાઈ કિલ્લા બનાવવા the air.

प्रयोग- કોઈ સારું કામ કરી બતાવો, હવાઈ કિલ્લા બનાવવાથી કશું નહીં થાય.

61. मुंह में पानी भर आना | Munh men pani bhar ana | મોઢામાં પાણી આવવું

प्रयोग-લટકી રહેલી દ્રાક્ષોને જોઈને શિયાળના મોઢામાં પાણી આવી ગયું.

62. रफू-चक्कर होना | Rafu-chakkar hona | રફુચક્કર થવું (ભાગી જવું)

प्रयोग-ખિસ્સાકાતરું પોલિસને જોઈને તરત જ રફુચક્કર થઈ ગયો.

63. राई का पहाड़ बनाना | Rai ka pahar banana | રાઈનો પહાડ બનાવવો

प्रयोग-તું પણ નાની વાતમાં આવી ગઈ. એની તો આદત છે રાઈનો પહાડ બનાવવાની.

64. लोहा मानना | Loha manana supremacy | વીરતાને માનવી

प्रयोग- આસ-પાસના બધા લોકો સમ્રાટ રાજાની વીરતાને માનતા હતા.

65. वचन देना | Vachan dena | વચન આપવું

प्रयोग- એણે મને વચન આપ્યું છે કે તે હંમેશાં મારી સાથે રહેશે.

66. शेखी मारना | Shekhi marna | બડાશ હાંકવી

प्रयोग-તે ખુદને મોટો સમજે છે. દરેક સમયે બડાશ હાંકતો રહે છે.

67. सामना करना | Samna karna | સામનો કરવો.

प्रयोग- હું દરેક મુસીબતનો ધૈર્યથી સામનો કરું છું.

68. सर्वे-सर्वा होना | Sarve-sarva hona | સર્વે-સર્વા હોવું

प्रयोग-શ્રી વિશ્વનાથ આ સંસ્થાના સર્વે-સર્વા છે.

69. सिर पर पांव रखकर भागना | Sir par punv rakhkar bhagna | ઊભી પૂંછડીયે ભાગવું

प्रयोग-બધા જુગારીઓ પોલિસને આવતા જોઈ ઊભી પૂંછડીયે ભાગ્યા.

70. हथियार डाल देना Hathiar dal dena હથિયાર નીચે નાંખવા

प्रयोग- ડાકૂઓએ પોલિસની સમક્ષ હથિયાર નીચે નાંખી દીધા.

71. हाथ पर हाथ धरे बैठना Hath par hath dhare baithna હાથ પર હાથ ધરી બેસવું

प्रयोग- આ રીતે હાથ પર હાથ ધરી બેસી ના રહો. કોઈ કામ-ધંધો કરો.

72. हाथ-पांव मारना Hath panv marna ધમપછાડા કરવા

प्रयोग- અમે તને મેળવવા માટે કેટલાય ધમપછાડા કર્યા.

73. हाथ धो बैठना Hath dho baithna Give up.

प्रयोग-काम को ठीक तरह से सम्भाल लो नहीं तो इस सबसे हाथ धो बैठोगे।

74. हाथ मलते रह जाना Hath malte rah jana To repent.

प्रयोग-अभी से संभल जाओ नहीं तो बाद में हाथ मलते रहोगे।

75. हवाई किले बनाना Hawai kile banana To build castles in the air.

प्रयोग-हवाई किले बनाने का क्या लाभ, कुछ करके दिखाओ तो जानें।

21. घी के दिये जलाना Ghi ke diya jalana ઘીના દીવા પ્રગટાવવા

प्रयोग- કુખ્યાત ડાકૂના માર્યા જવાથી ગામવાસીઓએ ઘરોમાં ઘીના દીવા પ્રગટાવ્યા.

22. घाव पर नमक छिड़कना Ghav par namak chhidakna ઘા પર મીઠું ભભરાવવું

प्रयोग- હું પહેલેથી જ ખૂબ પરેશાન છું અને હવે તમે મારા ઘા પર મીઠું ભભરાવી રહ્યાં છો.

लोकोक्तियां લોકોક્તિઓ

1.	अंधों में काना राजा।	Aandhlama kano raja	આંધળામાં કાણો રાજા
2.	अधजल गगरी छलकत जाये।	Addho bharelo ghado chhalkay.	અડધો ભરેલો ઘડો છલકાય.
3.	आप भला तो जग भला।	**Aapne bhala to** jag bhalu.	આપણે ભલા તો જગ ભલું.
4.	इलाज से परहेज बेहतर।	Ilaj karta parej vadhare saaro.	ઈલાજ કરતાં પરેજ વધારે સારો.
5.	उतावला सो बावला।	Utavaliyo te bavlo.	ઉતાવળિયો તે બાવળો
6.	एक पंथ दो काज।	Ek panth be kaaj	એક પંથ બે કાજ

	Hindi	Gujarati (transliteration)	Gujarati
7.	काम प्यारा कि चाम प्यारा।	Kaam vahalu ke daam	કામ વહાલું કે દામ
8.	चिराग तले अंधेरा।	Diva tale andharu.	દીવા તળે અંધારું
9.	जब तक सांस तब तक आस।	Jya sudhi shwas tya sudhi aash.	જ્યાં સુધી શ્વાસ ત્યાં સુધી આશ.
10.	जहां फूल वहां कांटा।	Jya phul, tya kaanta	જ્યાં ફૂલ, ત્યાં કાંટા
11.	जिसकी लाठी उसकी भैंस।	Jeni lakdi eni bhens.	જેની લાકડી એની ભેંસ
12.	जिसका दुख वही जाने।	Jenu dukh te j jane.	જેનું દુ:ખ તે જ જાણે.
13.	जैसा राजा वैसी प्रजा।	Jevo raja tevi praja.	જેવો રાજા તેવી પ્રજા
14.	जैसा देश वैसा भेष।	Jevo desh tevo vesh.	જેવો દેશ તેવો વેશ.
15.	जो गरजते हैं वे बरसते नहीं।	Je garje chhe, te varasta nathi.	જે ગરજે છે, તે વરસતા નથી.
16.	थोथा चना बाजे घना।	Khali chano vaage ghano	ખાલી ચણો વાગે ઘણો
17.	धन को धन कमाता है।	Laxmi ne laxmi khenche chhe	લક્ષ્મી લક્ષ્મીને ખેંચે છે.
18.	नौ नगद न तेरह उधार।	Aaje rokda kaale udhar	આજે રોકડા કાલે ઉધાર
19.	नाच न जाने आंगन टेढ़ा।	Nach na jaane angan vaanku	નાચ ના જાણે આંગણું વાંકું
20.	नीम हकीम खतरे जान।	Untvaidu jokham jaan	ઊંટવૈદુ જોખમ જાણ
21.	पानी में रहे मगर से वैर।	Panima rahine magarthe ver	પાણીમાં રહીને મગરથી વેર
22.	बिना सेवा मेवा नहीं मिलता।	Seva vagar Meva nahi	સેવા વગર મેવા નહીં
23.	मुल्ला की दौड़ मस्जिद तक।	Mullani dod masjid sudhi.	મુલ્લાની દોડ મસ્જિદ સુધી
24.	लोहे को लोहा काटता है।	Lodhu lodhane kaape chhe.	લોઢું લોઢાને કાપે છે.
25.	सबसे भली चुप।	Na bolvama nav gun.	ના બોલવામાં નવ ગુણ

हिन्दी–गुजराती शब्दकोश
હિન્દી-ગુજરાતી શબ્દકોશ

वर्गीकृत शब्द सूची
વર્ગીકૃત શબ્દ સૂચી

1. संबंधी સંબંધી

चाचा	કાકા
चाची	કાકી
जेठानी (देवरानी)	જેઠાણી (દેરાણી)
दादा	દાદા
दादी	દાદી
दामाद	જમાઈ
नाना	નાના
नानी	નાની
पति	પતિ
पत्नी	પત્ની
पिता	પિતા
पुत्र	પુત્ર
पुत्रवधू	પુત્રવધૂ
पुत्री	પુત્રી
बहन	બહેન
भतीजा	ભત્રીજો
भतीजी	ભત્રીજી
भाई	ભાઈ
भांजा	ભાણીયો
भांजी	ભાણી
माता	માતા
मामा	મામા
मामी	મામી
मौसी	માસી
ससुर	સસરા
सास	સાસુ
सौतेली मां	સૌતેલી મા

2. घरेलू चीज़ें ઘરગથ્થુ વસ્તુઓ

अलमारी	તિજોરી
कुरसी	ખુરશી
कैंची	કાતર
गिलास	ગ્લાસ
चटाई	ચટાઈ
चमचा	ચમચો
चाभी	ચાવી
चारपाई	ચારપાઈ (ખાટલો)
चूल्हा	ચૂલો
छाता	છત્રી
टोकरी	ટોપલી
ताला	તાળું
थाली	થાળી
बक्सा	પટારો

बर्तन	વાસણ
बाल्टी	બાલ્ટી (ડોલ)
मेज	ટેબલ
मोमबत्ती	મીણબત્તી
संदूक	પેટી (સંદૂક)
साबुन	સાબુ
सूई	સોય
हथौड़ी	હથોડી

3. पढ़ाई-लिखाई का सामान
વાંચવા-લખવાનો સામાન

अख़बार	છાપું
आलपिन	પીન
कलम	કલમ
कागज	કાગળ
टिकट (स्टाम्प)	પોસ્ટલ ટિકિટ
तार	વાયર
दवात	ખડિયો
नकल करने वाला पेपर	નકલ કરવાવાળું પેપર
नकल करने वाली पेंसिल	નકલ કરવાવાળી પેન્સિલ
नक्शा	નક્શો
पेंसिल	પેન્સિલ
पोस्टकार्ड	પોસ્ટકાર્ડ
फाइल	ફાઈલ
फीता	દોરી
मोहर	સિક્કો
रबड़	રબર
रबड़ की मोहर	રબરનો સિક્કો
रद्दी की टोकरी	કચરા ટોકરી
लिफ़ाफा	પરબીડિયું
स्याही	શાહી
स्याही चूस	શાહી ચૂસ કાગળ

4. शरीर के अंग
શરીરના અંગ

अंगुली (पैर)	આંગળી (પગની)
अंगुली (हाथ)	આંગળી (હાથની)
अंगूठा (हाथ)	અંગૂઠો (હાથનો)
आंख	આંખ
ओंठ	હોઠ
एड़ी	એડી
कंधा	ખભો
कमर	કમર
कान	કાન
खोपड़ी	ખોપડી
गर्दन	ગરદન
गला	ગળું
गाल	ગાલ
घुटना	ઘુંટણ
चमड़ा	ચામડી
चेहरा	ચહેરો
छाती (पुरुष)	છાતી (પુરુષ)
छाती (स्त्री)	છાતી (સ્ત્રી)
जांघ	જાંઘ
जीभ	જીભ
ठोड़ी	ઠોડી
दाढ़ी	દાઢી
दांत	દાંત
दिमाग	મગજ
नस	નાડી
नाक	નાક
पीठ	પીઠ
पेट	પેટ
पेशी	માંસપેશી
पैर	પગ
फेफड़ा	ફેફસાં
बाल	વાળ
मसूड़ा	પેઢા
मुंह	મોઢું
रीढ़	કરોડરજ્જુ

हड्डी	હાડકું
हथेली	હથેળી
हृदय	હૃદય

5. रोग રોગ

कोढ़	કોઢ
कोष्ठ्बद्धता (कब्ज़)	કબજિયાત
खांसी	ઉધરસ
गठिया	ગઠિયા
गांठ	ગાંઠ
गूंगा	ગૂંગો
चक्कर	ચક્કર
छींक	છીંક
ज्वर	તાવ
दमा	દમ
दाद	ખરજવું
पथरी	પથરી
पसीना	પરસેવો
पागलपन	પાગલપણું
पीब	પરું
पीलिया	કમળો
पेचिश	ડાઘ (પેચિશ)
प्रदर	પ્રદર
फोड़ा	ગુમડૂં
बलगम	કફ
बवासीर	બવાસીર
बहुमूत्र	બહુમૂત્ર
बुखार	તાવ
भूख	ભૂખ
मूत्र	પેશાબ
मोटापा	મોટાપો
मोतिया बिंद	મોતિયો
रक्ताल्पता	રક્તાલ્પતા
लकवा	લકવો
विष्ठा	વિષ્ઠા
शीतला	શીતળા
सिरदर्द	માથાનો દુઃખાવો
सूजन	સોજો
हैजा	કોલેરા

6. वस्त्र एवं परिधान
વસ્ત્ર તેમજ પરિધાન

अंगोछा	નેપકીન
कमीज़	ખમીશ (બુશર્ટ)
कंबल	ધાબળો
कोट	કોટ
चादर	ચાદર
जेब	ખિસ્સું
तौलियां	રૂમાલ
दस्ताने	હાથના મોજા
पतलून	પાટલૂન
पायजामा	પાયજામો
बटन	બટન
रूई	રૂ
रेशम	રેશમ
लंबादा	ગાઉન
लहंगा	લેંઘો
साफ़ा (पगड़ी)	પાઘડી

7. आभूषण
આભૂષણ

अंगूठी	વીંટી
कंगन	કંગન
कड़ा	કડું
चूड़ी	બંગડી
माला	માળા
मूंगा	મૂંગા
मोती	મોતી
हार	હાર

8. फल-फूल व सब्जियां
ફળ-ફૂલ તેમજ શાકભાજીઓ

आम	કેરી
आलू	બટાટાં
अंगूर	દ્રાક્ષ

अंजीर	અંજીર
कमल	કમળ
कद्दू	કોળું
केला	કેળાં
खजूर	ખજૂર
गाजर	ગાજર
गुलाब	ગુલાબ
घास	ઘાસ
जामुन	જાંબૂ
तरबूज	તરબૂચ
नारियल	નારિયેળ
नारंगी	નારંગી
नींबू	લીંબૂ
पपीता	પપૈયું
पुदीना	ફુદીનો
पौधा	છોડ
प्याज़	ડુંગળી
फूलगोभी	ફુલાવર
बंद गोभी	કોબીજ
बेर	બોર
बैंगन	રીંગણ
मिर्च	મરચું
मूंगफली	મગફળી
मूली	મૂળો
लहसुन	લસણ
सेब	સફરજન

9. खनिज पदार्थ ખનિજ પદાર્થ

कोयला	કોલસો
चांदी	ચાંદી
तांबा	તાંબું
पारा	પારો
पीतल	પીત્તળ
सीसा	સીસુ
लोहा	લોખંડ

10. अन्न व खाद्य पदार्थ
અન્ન તેમજ ખાદ્ય પદાર્થ

आटा	લોટ
कह्वा	કૉફી
गेहूं	ઘઉં
चना	ચણા
चपाती (रोटी)	રોટલી
चाय	ચા
चीनी	ખાંડ
जौ	જવ
तेल	તેલ
दही	દહીં
दाल	દાળ
दूध	દૂધ
पनीर	પનીર
भुट्टा (मकई)	મકાઈ
भोजन	ભોજન
मक्खन	માખણ
मलाई	મલાઈ
मांस	માંસ
मिठाई	મિઠાઈ
मुरब्बा	મુરબ્બો
मैदा	મેંદો
रोटी	રોટલી
शक्कर	સાકર
शराब	દારૂ
शहद	મધ

11. व्यवसाय વ્યવસાય

अध्यापक	શિક્ષક
कारीगर	કારીગર
कलाकार	કલાકાર
किसान	ખેડૂત
खजांची	ખજાનચી
चमार (मोची)	મોચી
जौहरी	ઝવેરી
डाकिया	ટપાલી

डॉक्टर	ડૉક્ટર
तेली	તેલી
दर्जी	દરજી
दंत चिकित्सक	દાંતના ચિકિત્સક
दुकानदार	દુકાનદાર
धोबी	ધોબી
पहरेदार	પહેરેદાર
फेरीवाला	ફેરીયો
बढ़ई	સુથાર
भिखारी	ભિખારી
मछुआ	માછીમાર
माली	માળી
मुंशी	મુનશી
मेहतर	જમાદાર
रोकड़िया	કેશિયર (રોકડીયો)
रंगरेज	રંગ રંગવાવાળો
लेखक	લેખક
वैद्य	વૈદ્ય
सोनार	સોનાર
संपादक	સંપાદક

12. पशु પશુ

ऊंट	ઊંટ
कुत्ता	કુતરો
खरगोश	સસલું
गधा	ગધેડો
गाय	ગાય
घोड़ा	ઘોડો
चूहा	ઉંદર
दुम	પૂંછડી
पशु	પશુ
पंजा	પંજો
पिल्ला	બચ્ચું
बकरा	બકરો
बकरी	બકરી
बछड़ा	વાછરડું
बिल्ली	બિલાડી
बंदर	વાંદરો
बैल	બળદ
भालू	રીંછ
भेड़	બકરી
मेमना	બકરીનું બચ્ચું
लोमड़ी	શિયાળ
सांड	આખલો (સાંઢ)
सियार	શિયાળ
सिंह	સિંહ
सूअर	સૂઅર
हिरण	હરણ
हाथी	હાથઈ

13. पक्षी પક્ષી

अंडा	ઈંડું
उल्लू	ઘૂવડ
कबूतर	કબૂતર
कोयल	કોયલ
कौआ	કાગડો
गरुड़	ગરુડ
गौरइया	ચકલી
घोंसला	માળો
चमगादड़	ચામાચીડિયું
चील	સમડી
चोंच	ચાંચ
बुलबुल	બુલબુલ
मुर्गा	મરઘો
मुर्गी	મરઘી
मोर	મોર
सारस	સારસ
हंस	હંસ

•••

कुछ प्रमुख गुजराती क्रियाएं
કેટલીક મુખ્ય ગુજરાતી ક્રિયાઓ

अकुलाना	અકળાવવું	कतरना	કાપવું
अटकना	અટકવું	कमाना	કમાવું
अलसाना	આળસવું	करना	કરવું
आना	આવવું	कसना	કસવું
इतराना	મ્હોં ફેરવવું	कहना	કહેવું
उकसाना	ઉકસાવવું	कांपना	ધ્રૂજવું
उखड़ना	ઉખડવું	खटकना	ખટકવું
उखाड़ना	ઉખાડવું	खाना	ખાવું
उगना	ઉગવું	खिजाना	ખિજાવું
उगलना	ઉગળવું	खेलना	રમવું
उछलना	ઉછળવું	गंवाना	ગુમાવવું
उजड़ना	ઉજડવું	गाना	ગાવું
उजाड़ना	ઉજાડવું	गिनना	ગણવું
उठना	ઉઠવું	गिरना	પડવું
उठाना	ઉઠાવવું	गिराना	પાડવું
उड़ाना	ઉડાવવું	गुजरना	પસાર થવું
उतरना	ઉતરવું	गुर्राना	જોયા કરવું
उतारना	ઉતારવું	घुसना	ઘુસવું
उधेड़ना	ઉધેડવું	घूमना	ફરવું
उभरना	ઉભરવું	घेरना	ઘેરવું
उमड़ना	ઉમડવું	घोलना	મિલાવવું
उलझना	ઉલઝવું	चकराना	ચકરાવું
उलटना	ઉલટવું (પલટવું)	चखना	ચાખવું
ऊंघना	ઊંઘવું	चढ़ना	ચઢવું
ओढ़ना	ઓઢવું	चलना	ચાલવું
कड़कना	કડકવુ	चमकना	ચમકવું

चाटना	ચાટવું
चाहना	ચાહવું
चुराना	ચોરવું
छीनना	છીનવવું
धुड़ाना	છોડાવવું
जाना	જવું
जानना	જાણવું
जीतना	જીતવું
झगड़ना	ઝગડવું
झूलना	ઝૂલવું
टहलना	ટહેલવું
टालना	ટાળવું
डालना	નાંખવું
ढकना	ઢાંકવું
तरसना	તરસ્યા થવું
ताड़ना	તાડવું
तोड़ना	તોડવું
थमना	રોકાવું
दौड़ना	દોડવું
धिक्कारना	ધિક્કારવું
निकालना	નિકાળવું
निभाना	નિભાવવું
पकड़ना	પકડવું
पचना	પચી જવું
पटकना	પટકવું
पढ़ना	વાંચવું
पधारना	પધારવું
पहनना	પહેરવું
पालना	પાળવું
पीटना	પીટવું
पीसना	પીસવું
पुकारना	બોલાવવું
पैठना	અંદર આવવું
पोंछना	લૂછવું
फंसना	ફસાઈ જવું
फटकारना	ફટકારવું
फाड़ना	ફાડવું
फिरना	ફરવું
फूलना	ફૂલવું
फेंकना	ફેંકવું
बकना	બકવું (બકવાસ કરવો)
बढ़ना	વધવું
बताना	બતાવવું
बदलना	બદલવું
बनाना	બનાવવું
बरसना	વરસવું
बिगाड़ना	બગાડવું
बैठना	બેસવું
बोलना	બોલવું
भड़काना	ભડકાવવું
भागना	ભાગવું
मांगना	માંગવું
मोड़ना	વાળવું
रखना	રાખવું
रचना	રચવું
रटना	રટવું
रहना	રહેવું
रोकना	રોકવું
लगना	લાગવું
लगाना	લગાવવું
लटकना	લટકવું
लपेटना	લપેટવું
लांघना	ઓળંગવું
लादना	લાદવું
लिखना	લખવું
लेना	લેવું

लौटना	પાછું આપવું	सौंपना	સોંપવું
विचारना	વિચારવું	हंसना	હસવું
संजोना	એકઠું કરવું	हंसाना	હસાવવું
सजाना	સજાવવું	हकलाना	હકલાવવું
सड़ना	સડવું	हड़पना	હડપવું
सींचना	સીંચવું	हथियाना	છીનવી લેવું
सीखना	શીખવું	हांफना	હાંફવું
सीना	સીવવું	हारना	હારવું
सुनना	સાંભળવું	दिखना	દેખાવું
सूखना	સૂકાવું	देखना	જોવું
सूझना	સૂઝવું	दोहराना	દોહરાવવું

•••